Fables: Ou Allegories Philosophiques

Claude Joseph Dorat

FABLES

OU

ALLÉGORIES

PHILOSOPHIQUES.

A LA HAYE,

Et se trouve à PARIS,

Chez DELALAIN, rue de la Comédie Françoise.

M. DCC. LXXII.

FABLES

Par

M. Dorat

RÉFLEXIONS
PRELIMINAIRES.

Esope étoit Esclave, & il a fait des Fables. Phédre étoit Esclave, & il fut l'imitateur d'Esope. Pilpai n'en étoit pas moins dans la servitude, quoiqu'il gouvernât sous un Empereur une partie de l'Indostan ; & Pilpai a renfermé dans des Apologues ingénieux les principes les plus sains de la Morale & de la Politique.

On voit, par ce rapport singulier entre nos premiers Fabulistes, que la Fable est née d'une espéce de combat entre la liberté de penser, & la crainte de déplaire. Grace à ses utiles emblêmes, le génie élude la fougue de l'autorité, combat les passions des Grands , sans s'exposer à leur injustice, cache sous la fiction qui amuse la leçon qui effarouche , & reprend son empire en paroissant l'abandonner.

L'APOLOGUE considéré sous cet aspect, est un voile dont la vérité se sert pour apprivoiser l'amour-propre, & aborder la tirannie.

LA Fontaine, l'inimitable La Fontaine étoit né dans une condition honnête & libre ; mais la timidité de son caractère sembloit être pour lui l'équivalent de l'esclavage. Peu communicatif, peu à son aise dans la société, le jargon brillant de nos cercles étonnoit sa candeur ; & tous les êtres factices qui s'agitoient autour de lui avec tant d'élégance , lui paroissoient autant de petits Despotes qu'il croyoit de-

voir ménager. De-là , cet exercice intérieur de la pensée , qui se replie sur elle-
même , à proportion qu'elle a moins de
prise au dehors.

La Fontaine habitoit avec ses idées. Il
y trouvoit une satisfaction indépendante
de l'applaudissement des autres. Il se suf-
fisoit , & son amour-propre étoit ingénu
comme ses mœurs , naïf comme son caractère. Il est des talens d'instinct, il en est
de réflexion. Celui de La Fontaine fut
l'instinct même de la nature.

Voila sûrement la source de cette
supériorité , à laquelle personne n'osera
jamais prétendre, & ne pourra jamais atteindre. Voilà pourquoi ses Fables ont un
charme que toutes les autres n'ont pas.

Le Ver à soie file, l'Abeille fait du miel ; La Fontaine compose des Fables.

Elles sont au-dessus des éloges ; & malheur à celui qui auroit la force de les critiquer ! Il y régne une vérité de narration, qui feroit croire que l'Auteur fût la dupe de ses récits. Il est dans l'illusion, & les autres y tombent. L'esprit, chez lui, est tellement étouffé sous le génie, que le Lecteur lui-même s'imagine converser avec tous les différents animaux que met en scène le Fabuliste.

C'est par bétise, disoit *Fontenelle*, que La Fontaine préféroit à ses Fables celles des anciens. Ce mot le définit, & peint deux hommes à la fois.

Il est cependant des occasions où il s'éléve & répand à pleines mains toutes les

PRÉLIMINAIRES. vij

richesses de la Poésie; mais , chez lui , la magnificence est toujours simple , & *la simplicité toujours magnifique* , pour me servir d'une expression qu'il emploie lui-même, en parlant de Phédre & d'Ésope. En un mot , il est unique & le sera toujours. C'est peut-être, (si l'on en excepte *Moliére* qui est un homme absolument à part,) c'est peut-être, dis-je , le talent le plus original que le Ciel ait fait naître, pour les délices du genre humain.

Je n'ai pu me refuser au plaisir de brûler un grain d'encens sur l'Autel rustique du Dieu de l'Apologue. Mon admiration est vraie & juste ; mais elle s'arrête à lui.

Je serai seulement l'interprête du vœu général pour la publicité d'un Recueil de

a iv

Fables charmantes , que le goût même semble avoir écrites , & que la modestie renferme ; semblables à ces fleurs qui n'exhalent leur parfum & ne développent leurs beautés que pour le curieux qui les posséde. On devinera , sans que je le nomme , l'Ecrivain que je désigne.

DE la hauteur des occupations politiques , il descend aux simples jeux de l'Esclave de Phrygie. Il joint à la naïveté du Fabuliste les vues hardies de l'homme d'état , & , par les subterfuges de la fiction, donne l'allarme à cette foule de vices trop bien accrédités parmi nous , pour qu'on les attaque à force ouverte.

SES Fables, d'un tour absolument neuf, contiennent la morale des Rois, leur font

entrevoir la vérité , & sont dignes de les
réconcilier avec elle.

JE ne m'étendrai point sur les autres
Fabulistes * contemporains & qui peuvent
jouir du succès de leurs productions. Je
me suis fait tant d'ennemis même par des
éloges , que j'en deviens très-économe ;
afin de n'offenser personne.

MAIS, en m'imposant l'obligation de
ne rien dire des vivants , je me suis réservé
le droit de risquer mon avis sur ceux qui
ne sont plus. L'enthousiasme qu'ils ins-
piroient est mort avec eux ; & la vé-
·rité peut se faire entendre, sans tous ces
égards minutieux qui la retardent ou
l'étouffent,

* M. l'Abbé Aubert est celui qui réunit le plus de suf-
frages. Ses Fables sont lues & méritent de l'être.

RICHER est un imitateur pur, élégant, correct, quelquefois gracieux & surtout très-fécond; mais il n'est qu'imitateur, & plus on est parfait dans ce genre servile, plus on imprime à son nom le sceau de la médiocrité. Il vaut mieux s'égarer dans le labyrinthe des arts, que d'y être conduit par un fil étranger. Ce fil se rompt à la fin; & que reste-t'il à celui qui ne l'a plus pour se conduire?

LA Motte a choisi une route nouvelle; a-t'il été heureux dans son choix? C'est ce qu'il faut examiner. Avant que j'entre dans le détail de ses Fables, on me permettra quelques observations générales sur cet Ecrivain qui eut long-tems des Détracteurs cruels, & des Prôneurs passionnés.

DEPUIS qu'il existe des Littérateurs, je n'en connois point qui ait écrit comme La Motte sur les objets purement littéraires, & qui ait semé de plus d'agréments la sécheresse de la discussion. Né avec un tact d'une finesse extrême & une pénétration rapide , il démêloit d'un coup-d'œil les vrais principes de l'art d'écrire , & les nuances fugitives du goût , qu'il fixa le premier sous l'exacte analyse. Il atteignoit à tout par les calculs de l'esprit, par la justesse des combinaisons ; & l'étendue de ses connoissances venoit encore au secours de son étonnante sagacité. Aussi tous ses écrits en prose caractérisent-ils le Logicien subtil , le Moraliste intelligent, le Dissertateur profond ; & cela , sans effort, sans contrainte , ce qui prouve que dans ce genre il étoit vraiment original. Que d'élégance, que de grace, que d'érudition sans faste, & que d'abondance sans prolixité dans tous ses Discours préliminaires ! C'est là qu'il est maître de sa matiére, qu'il se joue avec elle, & distribue d'une main sage les ornemens convenables à chaque sujet.

La Motte fut devenu un de nos plus parfaits Ecrivains, sans sa constante application à contrarier le mouvement de son génie. Il voulut être Poëte; il étoit né Philosophe, & c'est à ce titre qui, (s'il n'en avoit pas abusé,) lui auroit valu une réputation de tous les tems, qu'il a dû en partie ses disgraces dans la postérité.

C'est avec sa Philosophie qu'il a fait des Odes bien pensées, bien mathématiques, pleines de choses, hérissées de raisons, mais dénuées d'ame & d'harmonie.

C'est avec sa Philosophie qu'il a mutilé, travesti, défiguré l'Iliade, & que d'un chêne immense, il a fait un arbre nain.

C'est avec sa philosophie qu'il a composé ces Eglogues si peu champêtres, où des Bergers, endoctrinés par *Fontenelle*, empruntent ce jargon métaphysique, qui étoit de mode alors dans les jardins de Sceaux & dans les boudoirs de la Duchesse du Maine.

C'est enfin avec cette philosophie meurtriere, destructive, & glaciale, quand elle n'est pas réchauffée par le feu poétique, qu'il a enluminé d'une couleur fausse

& vague ces Fables si laborieusement ri-
mées, où l'on voit à chaque instant l'allûre contrainte & la convulsion de l'homme qui lutte contre lui-même, arme l'esprit contre l'esprit , croit être simple,
quand avec bien de la peine il a com-
biné les moyens de l'être , & se figure
qu'on parvient à la naïveté, lorsqu'on en a
scruté les causes.

ON ne peut cependant lui refuser
la richesse de l'invention , la variété
des sujets , la pureté de la morale ;
mais on cherche en vain dans ses Fables
ce je ne sais quoi qui attire & persuade,
ce stile qui fait d'autant plus de plaisir,
qu'il semble avoir moins coûté , le choix
des plaisanteries (toujours mauvaises quand
on les cherche) en un mot, ce sentiment
exquis & indéfinissable , qui des détails se

communique à l'ensemble, y répand de l'intérêt, & anime toute la masse d'un ouvrage.

LA Fontaine écrivoit par inspiration, La Motte, avec projet. L'un, toujours caressé par les graces, n'a jamais l'air de s'en douter ; l'autre les provoque, les fatigue & les effarouche. L'un est un *bon-homme*, dont la premiere intention fut de s'amuser lui-même ; l'autre, un bel esprit ambitieux, qui se met à la torture pour amuser les autres : en un mot, la Fontaine est commandé par la gaîté ; La Motte se lacommande.

UN des défauts les plus frappans de ses Fables, c'est la pompe sententieuse & doctorale dont elles sont précédées. Une Fable de six lignes a souvent un avant-propos de cinquante. Après les dogmes prolixes de l'Académicien , l'âne , le rat ou le lapin n'ont pas bonne grace à débiter les leurs. L'esprit est fatigué , l'intérêt refroidi ; le Fabuliste a manqué son but.

CES remarques servent à prouver , que tout l'esprit possible est en pure perte sans le talent naturel. Ce ne sont point les réflexions fines & profondes , les vues nouvelles , l'analyse détaillée des objets , les connoissances multipliées & rangées avec ordre, qui font seules le succès des Ouvrages en vers. Il faut encore, il faut avant tout , qu'on y retrouve ce coloris qui leur est propre , donne de la chaleur aux images , une ame à la pensée ; ces peintures fortes & douces qui enlévent & touchent : cette *grace, plus belle que la beauté* , cette grace que La Fontaine a si bien

connue

connue , & dont il a sans doute emporté le secret.

QUE de Poëtes aujourd'hui affectent
d'être ce qu'on appelle des *Penseurs*, rai-
sonnent assez bien , dissertent tant qu'on
veut, ont quelque netteté dans les idées,
même une sorte d'effervescence dans l'i-
magination , & s'efforcent en vain d'é-
chauffer le public ! Que leur manque-t'il?
ce qui manquoit à La Motte; le coloris,
partie conftitutive du Poëte , & la feule
peut-être qui lui affure l'immortalité.

IL me seroit facile d'appuier, par une
foule d'exemples , ce que j'ai hazardé sur
l'Auteur d'Inès; mais je m'embarquerois
dans un examen trop long, & conféquem-
ment très-fastidieux.

J'ESPERE qu'on ne m'accusera point d'a-
voir voulu déprimer un homme que j'es-

time à tant d'égards, & que je place au
rang de nos modeles pour la prose. J'ai ren-
du compte de ma sensation ; elle n'est
point un jugement.

LA Motte, je le répéte, me semble un
Ecrivain admirable & *classique* , toutes
les fois qu'il ne veut pas être Poëte, Si ses
Fables sont défectueuses , son Discours
sur la Fable est un chef-d'œuvre de goût ,
de style & de raison. Je n'ajouterai rien
aux regles qu'il assigne , ou plutôt qu'il
propose (*). Je ne ferois que répéter ce
qu'on a dit cent fois après lui, & beaucoup
moins bien que lui.

LESSING, Fabuliste plein de sens &

(*) La Motte avoit trop d'esprit pour être jamais tranchant & affir-
matif. Ce ton, qui annonce plus de rudesse que de goût , est presque
toujours la ressource des hommes médiocres & bornés. Ne voyant
point au-delà de leur petite sphère, ils s'enivrent de leurs idées , &
n'imaginent pas, quand ils prononcent, la possibilité d'une objection.
Consultez un sot , & un philosophe : le sage doute ; c'est le sot qui
décide.

qu'on peut appeller l'*Esope* de l'Allema-
gne, a fait à lui seul quatre Dissertations
bien diffuses, bien métaphysiques, sur ce
point de Littérature. Il se dédommage,
dans ses éternelles préfaces, de la concision
précieuse de ses Apologues. Après un travail prodigieux pour diviser & subdivi-
ser chaque espece, réfuter, commenter,
poser les principes, tirer les conséquen-
ces; voici comme il définit la Fable.

» LORSQUE l'on ramene une proposi-
» tion morale générale à un événement
» particulier, que l'on donne la réalité à
» cet événement, & que l'on en fait une
» histoire, dans laquelle on reconnoît in-
» tuitivement la proposition générale,
» cette fiction s'appelle une Fable.

UNE pareille définition est faite pour

dégoûter à jamais de la manie de définir.
Eh ! que signifie tout ce radotage de l'esprit
pédantesque sur les mysteres du goût,
& les finesses du sentiment ?

La meilleure Poétique pour les Fables,
c'est la lecture de La Fontaine.

Lessing n'est pas le seul Allemand qui
se soit distingué dans ce genre de com-
position. *Gellert* & *Hagedorn* ont été ses
concurrens. J'ai hazardé plusieurs imita-
tions de ces trois Fabulistes, & je les indi-
que dans la Table qui termine cet Ouvrage.

Les Auteurs Allemands conservent encore une simplicité de mœurs qui con-
vient parfaitement à celle de l'Apologue.
Ils sont plus recueillis, plus solitaires que
nous. Ils portent sur la scène des campa-

gnes des yeux qui ne sont point, comme les nôtres, éblouis & fatigués par les prestiges de la ville. Ils s'abandonnent aux douceurs d'une vie paisible, & placent la Poésie sur le trône même de la nature.

L'HABITUDE de vivre dans les champs accoutume l'esprit à saisir une foule de circonstances utiles qui se perdent dans le tourbillon des sociétés. Les ruses des animaux, la variété de leur instinct, ce qu'ils sont en naissant, ce qu'ils deviennent par l'expérience & l'exercice de leur mémoire, tout cela fournit des sujets de méditation à ces Philosophes tranquilles, qui montent lentement, des observations du monde physique, aux grandes spéculations du moral, & ne généralisent enfin leurs idées, que par une attention longue & scrupuleuse aux moindres détails.

La Fable se plaît sur des Sites agrestes, au milieu des troupeaux, dans le silence des bois. C'est une Bergere qui cueille en rêvant les fleurs qu'elle rencontre, & qui ne songe pas même à s'en parer.

Je fais ma Satyre, mais n'importe. J'ai peut-être envisagé l'Apologue sous un point de vue qui ne demande pas tout-à-fait les mêmes dispositions.

Nous vivons dans un siécle où tous les ridicules ont leur sauve-garde, & presque tous les vices, de puissantes autorités. Chaque société particuliere est infectée de prétentions qu'on ne peut choquer, sans craindre un soulévement. La satyre déclarée produiroit cet effet.

Dans la corruption générale, le Philosophe le plus courageux doit respecter les bienséances qui la masquent.

Voila ce que fait la Fable. Je la regarde comme un milieu entre la licence de tout dire & le silence pusillanime. Elle est, selon moi, la satyre mitigée.

Au reste, je me défie de mes talens dans tous les genres, & plus encore dans celui-ci. Si j'étois susceptible d'un mouvement d'amour propre, j'aurois recours à notre divin *Fablier* (c'est ainsi que l'appelloit la Duchesse de Bouillon), & je redeviendrois modeste. Je présente mon Recueil, tel qu'il est, non à cette classe de Lecteurs auprès de qui je n'ai jamais pu trouver grace, & dont le goût superbe & dédaigneux n'est réveillé que par certains chefs-d'œuvres de *convention*, mais à ce Public encourageant, & juste, qui *prône* peu, *dénigre* moins, admire sans extase, censure sans amertume; à ce Public qui m'a défendu contre l'adresse de la malignité, l'effronterie de la satire , les préventions de quelques hommes célébres & les fureurs de leurs *Gagistes ;* à ce Public enfin qui, par une bienveillance dont je sens tout le prix , m'a soutenu seul dans une carriere orageuse & triste, où chaque dégré de réputation semble enlever quelque chose au bonheur, où l'amour-propre féroce isole des ames que les lumieres devroient unir, où la haine est active, l'amitié languissante , & dans laquelle (j'oserai le dire) on a quelquefois à rougir de ses rivaux.

FABLES

FABLES NOUVELLES.

LIVRE PREMIER.

FABLE I.

LA FABLE ET LA VÉRITÉ.

L A Vérité dit un jour à la Fable :
De quel front foutiens-tu que nos droits sont égaux,
J'existe avant les tems : toujours brillante & stable
J'ai vû les éléments s'élancer du cahos.

A

Mon front est couronné de rayons prophétiques
Qui percent le sombre avenir,
Et le passé, par leurs reflets magiques,
Dans un point lumineux au présent vient s'unir.
Tout se détruit, change & succombe;
A cette loi l'Univers est soumis;
Je la brave : un empire tombe;
Moi, je m'assieds sur ses débris.

Je connois ton pouvoir, je sais ton origine,
Lui répond la Fable, en riant;
Elle est très-noble assurément;
Sur les âges elle domine.
Je ne suis que ton ombre, & le dis franchement;
Mais je suis une ombre badine.
Ton beau miroir est effrayant;
Demande aux Rois ce qu'ils en pensent.
Tu leur fais peur avec cet ornement :
Moi, je les méne plus gaîment;
Et de rougir mes pompons les dispensent.
Le tems ne fut pas trop sensé
De t'avoir ainsi dépouillée :
Quand l'homme est corrompu, tu dois être voilée.
Ma très-auguste sœur, l'âge d'or est passé.
Ne vas point prêcher ainsi nue,
Si tu prétends grossir ta Cour ?

Vénus même, Vénus plaît mieux un peu vêtue;
  La nudité ne sied bien qu'à l'Amour.
    Tu menaces; je ris sans cesse.
Pour instruire l'orgueil, il faut le caresser.
Quand je guéris les cœurs que tu viens de blesser,
L'homme, ce vieil enfant, me prend pour la sagesse.
    Tiens, faisons un pacte en ce jour:
  Unissons-nous, pour venger ton injure;
    Prends-moi pour ta dame d'Atour,
  Et charge-moi du soin de ta parure.

FABLE II.

L'AUDIENCE DES OISEAUX.

Tous les Oiseaux, si j'en crois leur gazette,
Etoient en proie aux fureurs des partis :
Des Libelles affreux demeuroient impunis,
    Malgré leur audace indiscrette.
On scrutoit dans les cœurs, on choquoit les esprits.
    Le Sénat se plaint à grands cris,
    Et demande qu'on lui permette
De prononcer sur de pareils délits.
    Assailli de plus d'une instance,
Jupiter y consent : un Aigle, consommé
    Dans la haute Jurisprudence,
    Gelle au moins du Peuple emplumé,
    Doit ratifier la sentence :
    Pour Président on l'a nommé.

    La Pie, en sautillant, au Tribunal s'avance ;
Elle avoit du crédit & de l'autorité :
Vous savez bien, dit-elle, avec l'air d'importance,
Qu'en mes discours précis, toujours pleins de substance,
    J'abhorre la prolixité.

» I l est, dit l'Auteur du Libelle ;
» Certains oiseaux bavards, étourdis & voleurs,
    » A tout propos vantant leur zéle,
» Se targuant de franchise, & hardis imposteurs.
» Ces évaporés là font taire la sagesse,
    » Sous de vains sons étouffent le bon sens,
» Et deviennent enfin, à force de souplesse,
    » Des personnages éminens ;
    » Il faut en éteindre l'espéce.

Q u e ce trait me regarde, on n'en sauroit douter ;
    Et cependant, sans me faire une grace,
        Chacun ici peut attester,
        Qu'à mes talens j'ai dû ma place.
    Je finirai, comme j'ai commencé,
        Bravant de vaines jalousies :
    Que l'on me cite un état policé
    Qui ne soit pas gouverné par des pies,
        Et mon arrêt est prononcé.
Elle saute & se tait. Le Milan se présente :
        Son front tristement abbatu,
    Peint sa belle ame & sa candeur touchante,
        Et les malheurs de la vertu.
        Tout le Sénat est dans l'attente.

    Il est, dit-il, des oiseaux carnaciers ;
      Moi-même, je ne puis le taire.

                  A iij

Le satirique ajoute , avec un ton sévère ,

   Qu'ils sont l'effroi des métaïers :

   Je ne soutiens pas le contraire.

   » Cruels , avides & pillards ,

   » Ils dévorent , dans leur furie ,

» Poulets, tendres Pigeons arrivant à la vie ,

   » Et surtout les petits canards.

   A la rigueur , cela peut être :

   Mais si l'Ecrivain imprudent

Pense qu'en ce portrait on doit me reconnoître ,

L'imposture est affreuse , & le crime évident.

   Lorsque d'une voix attendrie

   Le scélérat , jouant l'air consterné ,

   Eut achevé sa plaidoirie ,

   Paroît le hibou renfrogné ,

   Au maintien lourd , au regard étonné.

   De babiller qu'on accuse une pie ,

Le grand malheur, dit-il ! que, pour gloutonnerie ,

   Maître Milan soit ajourné ,

   Qu'importe encor ? Le fait est consigné :

   Mais écoutez , la calomnie.

   » Il est de stupides oiseaux ,

» Dont un grave dehors est l'unique mérite ,

» Du creux de leur mazure effrayant les hameaux ;

» Faits pour les brouillards du cocite,
» Et fuyant l'ombre des berceaux.

J'ai démêlé l'Auteur, malgré son art de feindre.
Ce n'est pas moi qu'on peint; mais c'est moi qu'on veut peindre;
On y voit clair, &, Messieurs, entre nous,
  Je serois, puisqu'il faut le dire,
Plus sot que ces oiseaux qu'il nous peint dans leurs trous,
  Si je doutois, qu'il eût prétendu rire
  Et s'égayer, aux dépens des hiboux.

L'aigle alors s'écria : loin d'ici, misérables !
  La conscience vous trahit,
 Et vos griefs ne sont point recevables :
  L'innocence fait moins de bruit.
 Ces applications, ces plaintes, ce dépit,
 Prouvent assez que vos cœurs sont coupables.

FABLE III.

LES DEUX FAUCONS.

Deux Chasseurs cotoyoient les bords d'un marécage;
Suivis de leurs faucons, corsaires des étangs,
    Et qui sembloient impatiens
    De rester oisifs au rivage.
    L'un des deux lâche son oiseau
  Sur un canard, qui, sauvé par la ruse,
    Se plonge, glisse au fond de l'eau,
Et croit avoir vaincu l'ennemi qu'il abuse :
Mais, celui-ci, fidéle à marquer ses détours,
Rase l'onde, le presse & le poursuit toujours.

Craignant qu'un seul faucon ne puisse avoir la bête;
  L'autre Chasseur laisse partir le sien ;
    Et moi, si je m'y connois bien,
    J'augure mal de la conquête.
Le premier, qui se croit aussi fin qu'Annibal,
Indigné qu'un second lui dispute sa proie,
Agite, avec fureur, ses aîles qu'il déploie,
Laisse fuir le gibier, & fond sur le rival.

Tel sert son Prince & sa patrie,
Tant qu'à lui seul tout l'honneur appartient ;
Mais dès qu'un autre chef survient,
On songe à le détruire, & le reste, on l'oublie.

FABLE IV.

LE CARNAVAL DE VENISE.

Durant les jeux du Carnaval,
Un Philosophe estimé dans Venise,
D'un air sombre & rêveur, contemploit la sotise
Des Calots bigarrés qui couroient dans un bal.
Certain bouffon l'aborde à l'improviste
Et l'apostrophe ainsi : trêve à la gravité :
Qu'est-ce donc qui te rend si triste ?
Eh ! malheureux, dit-il, c'est ta gaîté.

FABLE V.

LE SECRET DE L'ÉDUCATION *.

Une Bonne, une Tante, une Mere est suspecte.
La jeunesse est toujours prompte à s'effaroucher ;
Pour la mener au but, il faut le lui cacher :
La leçon inſtruit mieux, quand elle eſt indirecte.
Prouvons. Avec sa tante une niéce habitoit :
La niéce avoit seize ans, beaux yeux, joli corsage,
 Et déjà même on la citoit
 Pour la Psiché du voisinage.
Mais, avec les attraits qui parent le bel âge,
 Elle en avoit tous les défauts.
Elle couroit, alloit, parloit mal à propos,
 Se coëffoit à triple étage,
 Et détestoit les plus légers travaux.
Aussi pas un amant n'y fixoit son hommage :
 Les Epouseurs surtout se tenoient clos.

Joignez à cette humeur, volage & peu fléxible,
La curiosité la plus incorrigible :

* Cette Fable pourroit passer pour un petit Conte moral, &
l'on en trouvera dans ce Recueil plusieurs du même genre ; mais
j'ai cru devoir les comprendre toutes sous le même titre.

Elle vouloit tout voir, tout épier :

 Personne ne savoit mieux qu'elle,

 Et l'historiette nouvelle,

 Et la chronique du quartier.

 Son intelligente tutrice,

 Quoique cherchant à la flater,

 Reconnut en elle ce vice,

 Et résolut d'en profiter.

 Dans une chambre solitaire

Un jour, elle s'enferme, & fait sonner ses clés.

Les desirs curieux à ce bruit éveillés,

La belle de trotter, comme à son ordinaire,

 Se suspendant sur la pointe des pieds.

La voilà qui s'attache au trou de la serrure :

 Elle contraint ses moindres mouvements ;

L'oreille est aux aguets, les yeux sont plus ardens ;

Et d'un voile qui vole on maudit le murmure.

  Que voit-on ? la tante à genoux,

 Et s'écriant, d'un ton sensible & doux :

Toi, qui changes les cœurs, Dieu, permets que ma niéce

 Agisse si bien désormais,

 Qu'elle mérite la tendresse

De ce mortel charmant qui l'aime avec excès,

 Se cache par délicatesse,

 Et m'a fait signer la promesse

 De seconder ses vœux secrets.

       * *

Se doutant bien qu'elle étoit écoutée,
Elle poursuit : ô Ciel ! dans tous les tems ,
Puisse-t'elle se voir chérie & respectée !
Qu'elle soit mere , un jour, de vertueux enfans;
Et que son jeune époux , dans un nœud légitime ,
        Goûtant les charmes du retour ,
        Affermisse encor par l'estime
        Les tendres chaînes de l'Amour ! . .

Sa pupille se trouble , & jure d'être sage :
De transports inconnus son cœur est agité ,
        Des pleurs inondent son visage ;
        Elle fuit ; le coup est porté.
    De ses cheveux adieu tout l'édifice.
Une coëffe modeste en cache la beauté :
        Son tour de gorge est remonté ;
        Elle plaira sans artifice.
        Plus simple , elle en a plus d'appas.
        Déjà la réforme est sentie :
        Notre nouvelle convertie
        Fait rêver les plus délicats ;
Puis les Adorateurs d'accourir sur ses pas ;
        Aujourd'hui quinze , demain trente ;
Et la niéce , bientôt, grace à son changement ,
        Voit se réaliser l'amant
        Qu'avoit imaginé la tante.

MA fable enferme plus d'un sens :
 Vous , qui conduisez la jeunesse ,
N'employez pas les moyens violents ;
La douceur est souvent l'arme de la sagesse.
 Un mot encor : cultiver des talens ,
Diriger des vertus, c'est l'art des plus novices ;
 Et les Inftituteurs savans
Corrigent leur éléve , en dirigeant ses vices.

FABLE VI.

L'ABEILLE ET LE PAPILLON.

Ou vas-tu, disoit une Abeille
Au plus léger des Papillons ,
Désertant les fleurs d'une treille ,
Pour voler à d'autres moissons ?

LE PAPILLON.

Je vais jouer dans ces vallons ;
Flore les émaille de roses ,
Fraîches , Dieu sait !.. à demi-closes ,
Et captives dans leurs boutons :
Je me sens un desir pour elles ...

L'ABEILLE.

Et ce des'r là satisfait ?

LE PAPILLON.

Regarde ! ... n'ai-je pas des aîles ?
J'irai vîte au lys, à l'œillet ,
Aux jacintes les plus nouvelles :

Sous le gazon le plus secret
Je surprendrai la violette ;
Pnis je partirai comme un trait.
En ai-je cueilli le duvet?
La fleur n'a rien que je regrette.

L'ABEILLE.

Et de ces volages amours
Quel est le fruit ?

LE PAPILLON.

Ma foi, ma Bonne,
Lorsque l'on vit si peu de jours,
Il ne faut pas que l'on raisonne.
Je ne vois jamais deux Printems ;
Tel est l'ordre des destinées ;
Et, dans mes courses fortunées,
Je veux que l'emploi des instans
Supplée au nombre des années.

L'ABEILLE.

Vas, cours, c'est trop longtems jaser
Avec un être aussi futile.
Dépêche-toi de t'amuser,
Je vais me hâter d'être utile.

FABLE VII.

L'HOMME ET LE SINGE.

Un Homme avoit un Singe ; & cet homme entre nous
Étoit un vrai Calot, Calot pour la figure ;
En outrant sa laideur , l'effort de la Peinture
    Resteroit encore au dessous.
    De plus , il ornoit son visage
    De grimaces à son usage ,
    Et dont il étoit l'inventeur.
De tous les vilains tics peignez-vous l'assemblage :
Le Singe avoit tout pris ; il étoit bon Acteur.
  Il se plaçoit , en face de son maître ,
    Puis le copioit trait pour trait ;
Et notre Grimacier , loin de s'y reconnoître ,
Rioit de tout son cœur, en voyant son portrait.

    L'amour propre est incorrigible :
  L'homme est aveugle, ou l'homme est ébloui ;
    Le sot de ma fable est risible ;
Mais , tel s'en mocquera , qui l'est bien plus que lui.

FABLE

FABLE VIII.

LE GRILLON ET LE ROSSIGNOL.

LE GRILLON.

Tu n'as pas seul le droit de plaire ;
J'ai trouvé des admirateurs.

LE ROSSIGNOL.

Eh ! qui sont-ils ?

LE GRILLON.

Les Moissonneurs.
Tel d'entr'eux à toi me préfére.
Ils sont ravis de m'écouter.
Je rends leurs travaux plus faciles ,
Et j'ai le secret d'enchanter
Les citoyens les plus utiles.

LE ROSSIGNOL.

Tu ne me dis rien de leur goût.
Cher voisin, que prouve l'ivresse
De quelques Pâtres sans finesse ,
Chez qui la peine absorbe tout ,

B

Et nuit à la délicatesse ?
Attends , pour me vanter tes sons ,
Que le berger, dont la musette
Charme les échos des vallons ,
Suspendant les airs qu'il répéte ,
Soit attendri par tes chansons.

Tel petit Poëte imbécile
A ses propres yeux se grandit ,
Et, si Mœvius l'applaudit ,
Il se croit l'égal de Virgile.

FABLE IX.

LE PHÉNIX.

Le monde comptoit plusieurs âges ;
Et point de Phénix jusques-là.
Ce prodige enfin se montra,
Et vint enchanter les bocages.
Des champs, des forêts & des eaux ;
On vint pour voir son Excellence ;
Il n'est pas jusqu'aux étourneaux
Qui ne l'admirent en silence.
Les Quadrupédes, les Oiseaux
Sont stupéfaits en sa présence :
Mais les plus sensibles d'entr'eux ;
Après cette premiere ivresse,
Dirent bientôt avec sagesse :
Sa beauté n'est qu'un don affreux,
Puisqu'il est seul de son espéce.
Pauvre Phénix ! ah ! malheureux !
Quel astre cruel t'a vu naître ?
Au plaisir ton cœur est fermé :
Tu ne pourras jamais connoître
Le bien d'aimer & d'être aimé.

B ij

FABLE X.

LE FERMIER, LE CHIEN
ET LE CHAT.

Un Fermier prenoit son repas.
Autour de sa table rustique,
Rode son chien nommé Mouflas,
Son favori, son confident unique,
Ecartant du banquet le plus maigre des chats,
Comme aussi le plus famélique.
L'un, en grognant, ronge des os,
Happe un croupion, lèche une assiette.
C'est tous les jours chere complette :
Homère ainsi fait dîner ses héros.
L'autre, affectant une humble contenance,
Conforme, hélas ! à son malheur,
Dérobe à peine une courte pitance,
Puis est chassé comme un voleur.
A la fin il parle à son maître :
Pourquoi me nourrir mal, quand je me conduis bién ?
Mouflas a tout ; Ratapolis n'a rien.
Un chat moins timoré s'en vengeroit peut-être ;

Mais je suis patient un peu plus que ton chien :
Je te sers mieux que lui , malgré tes injustices.
    Hipocrite , dit le Fermier ,
A ceux d'un chien peux-tu comparer tes services ?
Le mien a tous mes goûts , & suit tous mes caprices.
    Dans les champs vais-je m'égayer ?
    Mouflas , avant-garde fidelle ,
    Sur mes pas chasse le gibier ,
    Et des barbets est le modéle.
    Faut-il traverser un étang ,
    Pour atteindre l'oiseau sauvage ?
    Vîte mon chien est à la nâge ,
    Et me le rapporte , à l'instant.
    Si tu veux des faits plus utiles ,
    N'est-ce pas lui dont le secours
    Des fripons défend ces asyles ?
    Il m'assure des nuits tranquiles ,
    Et fait le charme de mes jours.
    Puisque j'ai dû te rendre compte ,
Voilà pourquoi tu m'as vu le choïer.
Toi , fuis de ma présence , & vas mourir de honte
    Sur la paille de mon grenier.

    Il obéit ; mais le drôle , en silence ,
Garde le souvenir d'un si dur traitement ,
    Et va méditer sa vengeance :

                                    B iij

Elle ne tarda pas ; nous allons voir comment.
　　Sans qu'on lise rien sur sa mine,
　　Il cesse en tapinois de faire son métier :
Il rêve sur un toît, & dort dans un panier,
　　Ou végéte dans la cuisine.
　　Il mange encor quelques oiseaux,
Mais par distraction... sa griffe est sous l'hermine ;
　　Tel fut Achille oisif dans ses vaisseaux.

A R R I V E N T les effets, & son plaisir commence.
　　Débarrassés de leur fleau,
　Depuis dix jours les rats sont en vacance.
　　Ils vont du grenier au caveau ;
　　Pour rapiner ils se divisent,
　L'un monte au croc, où pend du lard nouveau ;
　　D'autres au moulin s'introduisent,
　　Et s'enfarinent le museau ;
　　Et Ratapolis de sourire,
　　Enveloppé dans son manteau.
　　Il n'auroit pas, pour un empire
　　Croqué le moindre souriceau.

　　Le maître, enflammé de colère,
　　Trop tard s'apperçoit du dégât.
Il voit qu'un chien n'est pas seul nécessaire ;
　　Et qu'un Fermier a besoin de son chat.

PAYER les actions d'éclat,
C'est une dette, & c'est une justice :
Mais des petits dépriser le service,
C'est faire un larcin à l'Etat.

FABLE XI.

LE RENARD ET L'AIGLE.

NE fais donc plus tant l'orgueilleux ,
Dit à l'Aigle un Renard. Si , planant dans les Cieux ,
Tu quittes les humbles campagnes ,
C'est que du sommet des montagnes ,
Ta victime s'apperçoit mieux.

CHEZ les hommes , bon Dieu ! que d'Aigles faméliques
Pleins de vent & d'orgueil bouffis ,
Aspirent aux places publiques ,
Non pour l'honneur , mais bien pour les profits !

FABLE XII.

LA COLOMBE ET LE MOINEAU.

Mere tendre, épouse fidele
Une colombe en couvant ses petits,
Leur roucouloit ces mots : » Paix donc, paix, mes amis !
Pourquoi gémir, battre de l'aîle ?
Votre pere va revenir
Guidé par l'amour & le zele ;
Et dans mon sein je vais tous vous unir !
C'est, pour ses enfans, pour sa femme,
Qu'il fend les airs avec rapidité :
Par les frimats il n'est point arrêté ;
Il brave tout ; sa force est dans son ame.
Ah ! fuyez, oiseaux ravisseurs !
Il vous affronte, & moi, je vous redoute :
Impitoyables oiseleurs,
S'il vient de ce côté, prenez une autre route.
Je frémis... Dieu plein de bonté,
A qui les Pigeons obéissent,
Pourquoi faut-il que les chagrins flétrissent
La plus pure félicité ?
Un Moineau, par hazard, écoutoit l'indiscrette ;
C'est un moineau de cour, gai, frivole, étourdi,

Scrupuleux sur le ton , choisissant sa retraite,
 Sous les bosquets de Chantilli,
 Et faisant, selon l'étiquette,
 Tous les voyages de Marli.
 En minaudant il aborde la Belle :
  A quoi vous servent tant d'appas,
  Lui dit-il ? la dupe est nouvelle :
Sans cesse des terreurs & d'ennuyeux hélas !
D'un Ménage bourgeois essuyer l'embarras,
  Et s'enterrer... dans un nid d'Hirondelle !
  La sotte chose, & le vilain tracas !

  Si de ces soins si doux vous faites peu de cas,
Dit la Colombe, au moins laissez-les prendre aux autres.
  Ces amusemens sont les nôtres,
  Ils nous suivent jusqu'au trépas ;
 Ils sont plus vrais & plus vifs que les vôtres.
Vous aimez-vous long-tems ? — Ce que dure un desir.
  Vers le bonheur poussé par la folie ,
  On se rencontre , & bien fou qui se lie :
Nous mesurons l'Amour à l'Eclair du plaisir. —
  Ce que j'ai craint, votre discours l'atteste : —
  Apparemment vous n'avez point d'amis ? —
Quelques sociétés ! — Nul soin de vos petits ? —
Nous les faisons , ... & nous moquons du reste. —

  Rebut de la Nature, opprobre de l'Amour,
Dans quel abîme affreux ton ivresse te jette !
       ***

Éprouvant le remords & l'ennui tour-à-tour,
    Si la disgrace vient, un jour,
    Qui te suivra dans ta retraite ?
    Quand les Cieux couverts de frimats
    Reprendront un aspect plus sombre,
    Tu verras passer comme une ombre,
  Ces faux plaisirs que ton cœur ne sent pas !
    Aucun ami qui te console,
    Qui vienne en secret ranimer
    Ce cœur insensible & frivole,
  Ce triste cœur incapable d'aimer ;
    Point d'épouse, dont la tendresse
    Te réchauffe alors dans son sein ;
Et point d'Oiseaux jaseurs, dont le folâtre essaim,
Par les jeux de l'enfance, amuse ta vieillesse.
Au creux de quelque roche à toi-même borné,
    Ne possédant rien sur la terre,
  Loin du bonheur, tu vivras confiné
    Au fond de ton nid solitaire,
    Pour y périr abandonné.

Vous qui du sentiment dédaignez les foiblesses,
  Votre courage est-il bien affermi ?
  Cent fois trompé, vous aurez cent maîtresses ;
    Mais vous mourrez sans un ami.

FABLE XIII.

LE LIEVRE ET LE LEVRIER.

Deux Liévres par un beau matin
Philosophoient dans un champ de luzerne.
Pourquoi, dit l'un, d'un ton presque hautain;
Faut-il qu'un animal rampant & subalterne
Depuis un si long tems nous mene un si grand train?
    C'est bien à tort qu'on le redoute;
    Je suis brave ou je le deviens.
Les chiens jusques ici nous ont mis en déroute;
    Moi, désormais, je cours après les chiens.

D'un taillis à l'instant un Levrier s'élance,
Et nos Liévres de fuir; mais surtout le Gascon.
    On connoît plus d'un fanfaron
Liévre, Dieu sait! quand le péril commence.

FABLE XIV.

LE LOUP, LE RENARD, ET LE LOUP CERVIER.

UN jeune Loup, des environs du Mans,
    Dans une vie efféminée,
    Laissoit consumer ses beaux ans,
    Et démentoit sa destinée.
  Aucun élan, nul essor vers le bien ;
    Il n'égorgeoit Cerf ni Génisse ,
  Trembloit de peur, même à l'aspect d'un Chien ;
Redoutoit l'air des bois & s'enrhumoit d'un rien.
Ce Loup, comme l'on voit, avoit bien plus d'un vice.
Aussi, dans son allure & dans tout son maintien,
    Représentoit-il la famine ;
  On lui comptoit tous les os de l'échine.
    Périssant, faute de soutien,
  Il se lia pour fonder sa cuisine,
    Avec un franc Epicurien.
  C'étoit Rusé, Renard des plus habiles ;
    Fin gourmet, nourri d'ortolans,
  Ayant flairé dans ses courses agiles,
    Les meilleurs poulaillers du Mans.

Mon efflanqué, que la faim seul excite,
Le flatte, le caresse, & s'enrôle à sa suite.
    Quand la nuit tombe ils vont, de buissons en buissons,
        Enfemble éventer les volailles.
        Ils déjeûnent avec des Cailles,
    Et pour dîner emportent des Chapons.
Un jour le Lieutenant du Général d'armée,
    Se tapissa le gosier de duvet,
En mangeant une poule avant qu'il l'eût plumée,
Et toute la semaine il en eut un hoquet.
        Il s'oublioit dans la molesse,
        N'approchant pas des grands troupeaux,
        S'applaudissant de sa foiblesse,
    Et dédaigné des moindres Louveteaux.
        Près d'une Baffe-cour nouvelle,
Il rodoit un matin, fans bruit, le nez au vent,
Aux leçons du Renard bien strictement fidele.
Un Loup-cervier le vit ; il étoit son parent :
Lâche, s'écria-t-il, opprobre de l'efpece,
Quel métier fais-tu là ? Tu n'es Loup qu'à demi.
        Allié d'un Renard, réduit à fa fineffe,
        Sous quel joug te vois-je endormi ?
        Acquiers des forces, mon ami,
        Tu n'auras pas befoin d'adreffe.

FABLE XV.

LE MARCHAND, LE CHEVAL ET LE SINGE.

Certain Marchand voyageoit d'ordinaire,
    Avec son Singe & son Cheval ;
    Chacun voyage à sa maniere.
Pour sa monture il étoit fort brutal ,
Chiche encor plus ; peu de foin , moins d'avoine ,
    C'est le loyer de l'utile animal ,
    Et force coups , voilà son patrimoine.
        Cependant il alloit toujours ;
    Depuis deux ans il servoit un tel maître,
Et , pendant ces deux ans , il n'eut pas deux beaux jours :
    Trop de douceur est nuisible peut-être.
    Tête baissée , il trottoit humblement.
        Dès qu'il avoit fait quelques fautes ,
    Un éperon aigu lui harceloit les côtes :
    Ne pouvoit-on l'avertir autrement ?
Pour le singe , il a tout , gimblettes & caresses :
    Aussi fait-il cent tours divertissans ,
        Et les plus gentilles prouesses ,
        Surtout la grimace aux passans.

S'il attrape une orange, il se creuse une toque
 Avec la peau, puis dévore le fruit ;
Il tire adroitement un maron de sa coque,
Et se gratte la fesse, en grugeant un biscuit.
 A tout cela son maître l'enhardit.
Le Singe quelquefois lui découvre la nuque,
Et frise, à sa façon, les poils de sa perruque.
 Plus il en fait, & plus on l'applaudit.

 DANS un bois mon homme s'engage.
 A peine a-t'il avancé quelques pas,
Des voleurs très-polis, mais qu'il n'attendoit pas,
 Viennent fondre sur son bagage.
Vis-à-vis d'un fossé, qu'il auroit pu franchir,
 Son Rossinante exprès s'arrête.
Lasse d'un joug si dur, enfin la pauvre bête
Cherchoit le moyen d'en sortir,
 Il est trouvé : son vilain maître
 Scrupuleusement dépouillé ,
 Par les brigands est mis à pié,
Pestant, se lamentant, hors d'état de paroître,
A son cheval lui-même il auroit fait pitié.
 Sans or, sans habits & sans linge,
De tout ce qu'il avoit, il n'a plus que son singe,
 Plus gambadant, & plus fou de moitié.
Ton aspect, lui dit-il, m'afflige & m'importune.

Va-t'en, misérable farceur.
Un Histrion, pour l'infortune
Est un mauvais consolateur.
De tes mines j'ai bien affaire.
Qu'un Singe est un sot animal !
Eh ! que n'ai-je encor mon cheval ? . . .
Quitte à te voir dans la riviere.

M o n but, on l'apperçoit sans être bien expert.
Maîtres ingrats , vous êtes sans excuse.
Distinguons l'homme qui nous sert
Du vil bouffon qui nous amuse.

FABLE

FABLE XVI.

LES TROIS POMMES.

A la plus belle ! on sait bien qu'autrefois
Cette devise arma trois Immortelles :
Le prix de la beauté fut disputé par elles ;
    Pour les juger , de Pâris on fit choix.
      Il avoit les yeux du bel âge ,
   Les mœurs des champs , un cœur bien amoureux ;
      Et la Nimphe , au léger corsage ,
   A ses regards éclipsoit tous les Dieux.
Il étoit enivré , c'est être plus que sage.
Junon étale envain son faste & sa grandeur ;
Envain Pallas fait briller son armure :
Mais d'un air ingénu détachant sa ceinture ,
   Venus sourit , ce sourire est vainqueur.

    F i e r d'avoir jugé trois Déesses ,
  Pâris bientôt laisse égarer ses vœux :
    L'amour & ses molles tendresses
  N'enchaînent plus son cœur audacieux ,
    L'ingrat néglige ses maîtresses ,
Pour la Palme du Cirque & de plus nobles jeux.

                C

Priam le reconnoît ; adieu la Bergerie.
Près du Trône on respire un air empoisonneur.
Le courtisan a gâté le pasteur :
Dans sa brillante rêverie
Il embrasse un phantôme & renonce au bonheur.
Son jugement alors revient en sa mémoire.
Vénus, dit-il, m'a d'abord ébloui ;
Mais Junon peut m'ouvrir les sentiers de la gloire :
Junon est la plus belle, & l'emporte aujourd'hui.

SEMBLABLE à la premiere une pomme est construite,
Présent intéressé d'un cœur ambitieux :
Même devise à l'entour est écrite ;
Puis on l'adresse à la Reine des Cieux.
Hélene est enlevée, & la guerre s'allume.
Le Simois roule des flots de sang ;
Les vieux jours de Priam coulent dans l'amertume ;
Cassandre est outragée, au mépris de son rang ;
Sa ville enfin succombe, & le feu la consume.
Sur des monceaux encor fumans,
Pâris blessé se dérobe au carnage,
A travers les embrâsemens,
Et se fait transporter sous le même bocage
Qui vit fleurir ses premiers ans.
Instruit par le malheur, éclairé par le tems,
Il abjura les vains amusemens

Qui berçoient son enfance & troubloient son jeune âge :
     Il détesta l'ambition ,
Son tumulte insensé , ses plaisirs infidelles ,
Et tous ces faux honneurs , qu'emportoient avec elles
     Les étincelles d'Ilion.
Vénus est sans attraits pour un cœur sans ivresse ;
     Junon le touche moins encor ,
Et, s'il dispose un jour , d'une autre pomme d'or ,
     Elle sera pour la sagesse.

FABLE XVII.

LE COURTISAN ET LE SONGE.

Un Courtisan, (je parle d'autrefois ,)
Soupant , chassant avec son maître ,
Aspiroit à tous les emplois ,
Et fut ambitieux autant qu'il pouvoit l'être.
Après un bal , il s'endormit ,
Et rêva , qu'à travers les vapeurs les plus sombres ,
Il s'en alloit courant après des ombres ;
Ce songe-là ne manquoit pas d'esprit.
Vives , brillantes & légeres ,
Elles venoient voltiger sous sa main ,
L'environnoient de lueurs mensongeres ,
Se laissoient approcher & s'enfuyoient soudain :
L'ardent rêveur , s'enflammant pour chacune ,
Toutes les poursuivit , & n'en saisit pas une.

Il s'éveille , il s'habille & va vîte à la Cour.
Tout a déjà changé de face.
Il sollicite , il demande une place
Qu'un autre obtient , avant la fin du jour.
Il étoit possesseur , la veille ,

D'une maîtresse, objet de tous les vœux :
L'amour, dit-il, me reste, il console à merveille ;
Et, pendant qu'il le dit, son rival est heureux.

Maltraité par la Cour, il retourne à la ville.
Ayant placé des fonds sur des vaisseaux,
Il se livre à l'espoir, hélas ! trop inutile ;
L'or flottant de mon homme a péri sous les eaux.
Ne trouvant partout que mensonge,
Chagrins, prestiges & tourment,
Il se rappelle enfin le songe
Qu'il fit autrefois en dormant.
J'en explique tout le mystere :
Par lui, s'écria-t-il, le destin m'a parlé ;
Je ne dors point, la chose est claire ;
Mais je rêve tout éveillé.

FABLE XVIII.

LA VISION.

Vers le déclin d'un assez triste jour ,
    Je rêvois seul dans mon asyle ;
Et soudain devant moi , glissant d'un pas agile ,
Des Phantômes masqués défilent tour à tour,
    L'un , représentant l'avarice ,
    Sembloit emporter un trésor ;
    L'autre , balançant des poids d'or ,
Apparemment figuroit la justice :
    Un autre , aux sourcils orgueilleux
    Exprimoit l'amour de la gloire ,
    Et les desirs ambitieux ,
    Et le faste de la victoire :
    Celui-là jouoit l'air sensé
    De la tranquille pruderie ,
    Celui-ci le maintien glacé
    De la fausse Philosophie.
    J'examinois chaque attribut ,
Et chaque ombre mobile & l'esprit de son masque.
    Avec un attirail fantasque ,

La Folie alors m'apparut,
En jouant du tambour de basque.

Je n'ai rien de caché pour toi,
Tous ces objets ne sont qu'un, me dit-elle,
Cesse de croire à ton œil infidelle,
Et ne t'en rapporte qu'à moi.
Lorsqu'ainsi je me multiplie,
Le changement n'est qu'apparent.
A tous mes jeux l'homme se plie ;
Il se déguise en vain, c'est toujours la folie,
Le masque seul est différent.

FABLE XIX.

LE RENARD ET LES JEUNES LAPINS.

BLANCHI dans les ruses de guerre,
Un Renard, Renard, s'il en fut,
Temporisant, pour atteindre son but,
Comme un zéphir rasant la terre,
Et toujours méditant l'escalade ou l'affut ;
Bref, le * Sinon de tout le voisinage,
Ayant fait, une nuit, le sac d'un poulaïer,
Vint, le matin, dans un champ s'égayer :
Tel, un héros, las du carnage,
Repose à l'ombre du laurier.
Par de fraîches vapeurs la terre est arrosée.
Maître Renard bercé parmi les fleurs,
De l'aurore sur lui sent distiller les pleurs,
Se roule & se blotit dans des flots de rosée.
Par intervalle il va sautant,
Il court après sa queue, avec elle il badine ;
En vrai tartuffe il compose sa mine,
Et le vieux coquin fait l'enfant.

* C'est le nom du traître qui livra Troye aux Grecs.

Deux Lapins sans expérience ,
De leur côté , dans le pré s'amusoient ,
Trotinoient , broutoient , se baisoient ,
Sur leur derriere se posoient ,
Et jouoient en toute innocence.
Ils apperçoivent le Renard
Avec son mouvant étendard.
On examine , on fait silence ,
On dresse l'oreille , on balance ,
On tient conseil pour fuir ; mais le rusé Caffard
A l'air si doux , si benin , si tranquile ,
Qu'ignorant les piéges de l'art ,
Ces étourdis restent dans leur asyle :
Aux Lapins , comme à nous la raison vient trop tard.

Il s font plus ; l'un d'eux se hazarde :
Vois-tu , dit-il , ses yeux caressants & sereins ?
Comme il est tendre alors qu'il nous regarde !
Il a l'air d'aimer les Lapins :
Que craignons-nous ? bientôt leur effroi cesse ;
On avance un pas , & puis deux ,
Et , guettant le moment , l'animal cauteleux ,
A chaque pas qu'ils font , redouble de tendresse.
Bien confians & bien joyeux ,
Les voilà près de lui , voilà qu'il les caresse ,
Qu'il les réjouit de son mieux ;

Et nos Jeannots sont vraiment dans l'ivresse ;
Ils trouvent un ami, leur sort est trop heureux.

U N vieux Liévre passoit ; Dieu sait s'il alloit vîte :
    Fuyez, leur dit-il, en courant,
    Fuyez, ou gare le Cocite.
L'avis est inutile, autant qu'il est prudent.
Les deux Infortunés veulent envain le suivre :
    Le Renard les happe, à l'instant,
Et vous les croque, au frais, pour leur apprendre à vivre.

    V o u s, admis dans le monde à la fleur de vos ans ;
Vous êtes entourés de gens instruits à feindre ;
    Et rien pour vous n'est plus à craindre,
    Que l'air affable des méchans.

FABLE XX.

LE SERPENT ET LA COLONNE.

Un Serpent des plus étourdis,
Sous le parvis d'un Temple insulte une Colonne ;
   Et le voilà qui l'environne
   De ses innombrables replis.
   Il est tems, dit-il, qu'on t'abatte,
Que de ton faste antique on délivre les airs.
   En même tems, jaillissent les éclairs
   De sa prunelle d'écarlatte.
Il s'enfle, il se replie, irrite son poison ;
   Et, dans l'accès de sa rage inutile,
   Va contre le Marbre immobile
Dardant les traits aigus de son triple aiguillon.

Un Passant qui survient divise le reptile,
   Qui, dans l'instant, détaché du fronton,
   Ensanglante le Péristile,
S'agite, & rampe encor sur son double tronçon :
Mais, malgré ses efforts, la force l'abandonne ;
Sa crête, qui pâlit, veut en vain se dresser ;
   Il meurt au bas de la Colonne
   Qu'il s'efforçoit de renverser.

A ces traits on connoît l'envie ,
Et les venins qu'elle répand ;
Mais tôt ou tard elle est punie :
L'équitable public coupe en deux le Serpent,
Et l'abat aux pieds du Génie.

LIVRE SECOND.

FABLE I.

LE MULOT ET LA FOURMI.

Pauvre Fourmi ! s'écrioit un Mulot.
Comme j'ai l'ame presque humaine,
Je plains vraiment ton triste lot :
Je te vois trotter par la plaine,
Ou traîner un grain pas à pas :
De tant suer c'est bien la peine,
Pour faire un si chétif amas !
A mon épargne il faut que je te méne.
Viens-y voir les trésors entassés par mes soins.
Sont-ils plus grands que tes besoins,
Répond la Fourmi citoyenne ?
En ce cas-là, tremble pour tes foyers :
Injuste quelquefois, l'homme te rend justice,
Alors qu'il vuide tes greniers,
Et qu'il punit ton avarice.

Dans ce siécle charmant où prospére le vice,
Que de Mulots en paix sous leurs terriers !

FABLE II.

L'ISLE FORTUNÉE.

Un homme autrefois fit naufrage,
Le fait est vraisemblable, & n'est pas moins certain :
Il fut poussé vers un rivage.
Peuplé d'heureux.... on va douter, je gage ;
L'homme partout est né pour le chagrin.
Quoi qu'il en soit, sur cette plage,
Les cœurs sont purs, & le Ciel est serein.
Les Arts en sont bannis, aussi-bien que l'étude,
La Nature elle-même en a dicté les loix ;
Le culte est d'aimer Dieu, point de rangs, point de droits ;
On fait, tout simplement, le bien par habitude,
Sans la peur des tourmens, des Prêtres & des Rois.
Celui que sur ces bords a jetté la tempête,
S'accoutume aisément aux douceurs du séjour.
Comme un concitoyen, on l'accueille, on le fête ;
Il dort, il chante, il fait l'amour,
D'affaires, de devoirs, ne remplit point sa tête,
Et ne se plaint jamais de la lenteur du jour.
Il est libre & content, en un mot, il respire.
C'étoit un bon humain, vrai, souple, confiant,

Et passablement ignorant,
Parfait enfin, s'il n'avoit pas su lire !
Que la science est un fatal présent !

Deux ans s'étoient passés ; survient un autre orage,
Qui jette sur ces bords un de ces Novateurs,
Sobres par vanité, s'adaptant un langage ;
Des crédules Mortels rigides corrupteurs,
Profanant le titre de sage,
Hipocrites cachés sous le masque des mœurs ;
Cet homme avoit sauvé ses livres du naufrage.
Ils étoient composés des rêves dangereux
De tous ces turbulents sectaires,
Qui, donnent de faux jours pour autant de lumieres,
Couvrent d'un froid vernis leur fatras ténébreux,
Et déclarent tout haut, Inquisiteurs sévères,
Que le droit de penser fut réservé pour eux.
Du vrai, s'il faut les croire, ils sont les seuls Apôtres ;
Ils se nomment entr'eux Tuteurs des Potentats,
Et croiront bonnement cimenter les États,
En récrépissant mal ce qu'ont bâti les autres.

VENONS au but : Roulant de grands projets
Notre Sage promène un œil scientifique
Sur cet amas de Mortels satisfaits,
Unis, sans l'accord politique,

Sans code maintenant la paix ,
Amoureux sans métaphysique ,
Jouissant de tout sans procès ,
Heureux, en un mot, sans Logique ;
Et la pitié qu'excitent ces objets ,
Parle à son cœur philosophique.

LE Ciel m'appelle ici; j'en dois bannir l'erreur ;
Infortunés , dit-il, pour vous le jour va naître :
Sans le raisonnement, qu'est-ce que le bonheur ?
  Sentir n'est rien; l'homme est fait pour connoître.
Le fer même fléchit sous les coups des marteaux ;
Le chêne le plus dur céde aux dents de la scie ;
    Et moi , je vais souffler la vie
    Sur ce peuple de végétaux.
    Il cherche , il invente , il combine
Les moyens les plus prompts d'exécuter ses vœux ,
Et c'est l'autre Etranger que mon homme destine
A semer sourdement les germes dangereux ,
    Et les venins de sa fausse doctrine.
    Les voilà travaillant tous deux
    A préparer l'éclat & la ruine
    D'un peuple obscurément heureux.
    Le jeune & crédule Séïde
    De ce burlesque Mahomet ,
    Aux Sillogismes se soumet ;

De

De Nouveautés il est avide,
Et la gloire qu'on lui promet
Eléve son essor timide :
Lui-même il brigue des leçons,
Avale à longs traits l'imposture,
Abandonne une ame encor pure
Aux fureurs des opinions,
Et s'enivre de leurs poisons
Qui fermentent par la lecture.
Il devient fanatique & se croit inspiré ;
Veut créer, innover, donner un peuple au monde ;
Et dans sa démence profonde,
Il cesse d'être bon, dès qu'il est éclairé.

Plus de digues, plus de scrupules,
Tout remords est anéanti ;
Il cabale, il intrigue, il parle aux plus crédules,
Et se forme enfin un parti.
La faction triomphe, & la guerre s'allume ;
Il faut un autre Dieu, d'autres mœurs, d'autres loix
Choisira-t-on des Consuls ou des Rois ?
On s'arme, on se bat, le sang fume :
La Nation est aux abois ;
Le Laboureur raisonne, & la faim le consume.
Tous les nœuds sont rompus, ou prêts à se briser ;
Et ces citoyens si tranquilles

D

Egarés par deux imbécilles
Conspirant à les diviser,
Ont de leurs propres mains renversé leurs asyles,
Et s'égorgent entr'eux pour se civiliser.

A la fin, sur l'avis d'un sage véritable,
On s'assembla; chacun ouvrit les yeux;
De chaînes on chargea l'un & l'autre coupable;
Puis on rendit aux flots qui les vomit tous d'eux
Le jeune illuminé, le sage respectable,
Et leurs volumes avec eux.

LE calme reparut avec la tolérance:
Ce peuple retrouva ses plaisirs & ses biens,
Retomba mollement dans sa douce ignorance,
Et reprit ses premiers liens,
Détestant à jamais un desir de science
Qui fit couler le sang de quelques citoyens.

FABLE III.

LE MERLE ET LE VER LUISANT.

Pendant une nuit assez sombre,
Tout fier de son étoile, un jeune ver luisant
Se pavanoit dans l'épaisseur de l'ombre,
Et s'enivroit d'orgueil, en se considérant.
Sur ce globe, où chacun m'admire avec justice,
Je ne vois rien, dit-il, de comparable à moi;
Des Insectes je suis le Roi :
Eh ! qui d'entr'eux pourroit entrer en lice,
Quand mon empire est si bien affermi ?
Est-ce l'active Abeille, ou la sobre Fourmi ?
Ces orbes éclatants qui versent la lumiere
Pour briller, empruntent mes feux ;
Et l'Astre qu'adore la Terre,
N'est que le ver-luisant des Cieux.
Comme il parloit, d'une branche voisine,
Un Merle fond soudain, & gobe l'Orgueilleux.
Ton éclat cause ta ruine,
Pauvre insecte ! . . . moins lumineux,
Tu pourrois vivre, enseveli sous l'herbe :
Que je te plains de naître si superbe !
L'obscurité te rendroit plus heureux.

❀

FABLE IV.

LA JUSTICE DES ANIMAUX.

Lassés des discordes publiques,
Les Animaux, d'un plein consentement,
Parlerent d'accommodement ;
Mais, pour juger les troubles domestiques,
On établit un Parlement.
Vû sa finesse , sa prudence
Et l'art de l'élocution ,
Le Serpent, comme de raison ,
Fut pourvû de la Présidence.
A la dignité d'Assesseurs
On crut devoir élever les Marmotes ,
Ronflant en bonnes Patriotes ;
Car , naturellement , les Juges sont dormeurs.
Quant aux détails de la Chancellerie ,
A la Tortue ils sont tous confiés ;
On sait qu'en sa marche étourdie,
Elle fait feu des quatre piés.
Bref , sur leur dos emportant leur tribune ,
Les Escargots tenoient lieu d'Avocats ,
Et déployoient, dâns tous les cas ,

Une éloquence peu commune.
On les accusoit d'être lents,
Et d'éterniser les affaires ;
Pour acquérir plus de lumieres,
Ils demandoient fort bien des sursis de cent ans.
La Cour, d'ailleurs, fut juste, & Thémis bien servie.
D'un pareil Tribunal nul client n'appelloit.
Avant qu'on lâchât un arrêt,
La mort, sans autre plaidoirie,
Provisoirement emportoit
L'Avocat, l'Assesseur, le Juge & la Partie.

FABLE V.

PROMÉTHÉE.

Jaloux de l'empire des Dieux,
Un jour, le hardi Prométhée,
L'œil ardent & l'ame agitée,
Voulut former un Etre aussi superbe qu'eux,
Plein de cet espoir magnifique,
Il pétrit un limon sous ses doigts créateurs ;
Mais, par un mouvement de pitié prophétique,
Il le détrempe avec des pleurs.

Homme orgueilleux, apprends à te connoître.
Dans l'avenir découvrant tes malheurs,
On te pleuroit, avant qu'on t'eût fait naître.

FABLE VI.

LE LOUP ET L'ASNE.

Auprès d'une mazure antique,
Dans un pré de chardons semé,
Un Asne en son chemin trouve un Loup famélique.
Martin prend le ton pathétique,
Et croit que sire Loup en sera désarmé.

Voi, lui dit-il, avec l'accent tragique,
Comme j'ai l'air souffrant ! mon mal m'a bien changé.
De ce pié-ci je suis paralitique ;
Par une longue épine il est endommagé,
Et d'ailleurs, je deviens étique.
Le Loup lui répond en ces mots :
Je compâtis à ta souffrance :
En effet, je le vois, tu n'as plus que les os ;
Et je me crois, en conscience,
Obligé de finir tes maux.
Il dit, grince des dents, & l'Asne est en morceaux.

D iv

FABLE VII.

LA CHOUETTE.

Un Homme erroit sur les décombres
D'un vieux Palais tout ruiné,
Repaire aux brigands destiné,
Et digne de loger des ombres.
Mon curieux, foulant quelques débris,
Vit, à deux pas, une Chouette,
Qui, s'élançant de sa retraite,
Se jetta sur une souris,
Et sans pitié dévora la grisette.
Quoi, dit-il, un oiseau penseur,
Dont la mine est si grave, & qui doit être sage,
Quoi ! l'Oiseau de Minerve, être ainsi Destructeur ;
Choisir sa proie en un si bas étage,
Croquer le menu-peuple, & prétendre à l'honneur !
Je ne sais pas, d'où vient tu m'apostrophes,
Dit le sinistre oiseau. Tout penseur que je suis,
Il faut que je vive... & je vis.
D'après cela, pauvres souris,
Craignez les Oiseaux philosophes.

FABLE VIII.

L'ENVIEUX.

Dans un enclos, où Palès regne encor,
Le Pontife sacré de son Autel rustique,
    Cultivoit un arbuste unique.
    On va me croire ; il portoit des fruits d'or.
    Ce bon Prêtre excita l'envie.
Tandis qu'il s'abandonne aux douceurs du repos,
Un Riche malveillant brise quelques rameaux
    Du bel arbuste, à la tige arrondie,
    Et se courbant sous ses nobles fardeaux.
Fier du mal qu'il a fait, le méchant s'extasie :
Mais son plaisir fut court. L'arbre chéri des Dieux,
    Aux jours que l'Automne ramene,
    Porta des fruits quatre fois plus nombreux. . . .
    Et l'Envieux subit sa peine.

FABLE IX.

LA JARDINIERE ET L'ABEILLE.

Une Abeille active & volage,
Allant, venant, dans un jardin,
De tout composoit son butin ;
Chaque fleur avoit son hommage.
Perrette la prit sur le fait ;
Perrette étoit la Jardiniere.
Prends donc garde, Abeille légere ;
Réprime ton vol indiscret,
Dit-elle ; tout n'est pas œillet,
Tout n'est pas rose en un parterre.
Confondant ainsi tes larcins,
Tu peux, tu dois même te nuire :
Des fleurs, dont le parfum t'attire,
Plusieurs renferment des venins.

Je le sais, dit l'insecte agile ;
Et grand merci de ta leçon :
Mais je prends ce qui m'est utile,
Et ne touche pas au poison.

FABLE X.

LE CHEVAL ET LE TAUREAU.

Un Enfant vif & courageux,
Porté par un coursier superbe,
S'applaudissoit de fouler l'herbe,
Sur cet animal belliqueux.
En passant un Taureau lui crie :
Y penses-tu ? que je te plains,
De paroître dans la prairie,
Mené par de si foibles mains !

Oui, je leur céde la victoire,
Répond le coursier complaisant :
Brutal, où seroit donc la gloire,
De jetter par terre un enfant ?

FABLE XI.

LES MOINEAUX ET LE TEMPLE.

En réparant un Temple antique,
On en fit déloger des milliers de Moineaux ;
Mais dès qu'il fut bien magnifique,
Bien réparé, voilà mes Etourneaux
Qui s'en reviennent de plus belle.
Vain espoir ! les Dômes sacrés
N'offrent pas à nos effarés
De quoi loger une Hyrondelle.
Las ! tous les trous étoient murés !

Bon Dieu ! quelle folle dépense,
S'écria l'Essaim bourdonnant !
A quoi cet Edifice immense.
Pourra-t'il servir maintenant ?

FABLE XII.

L'HIRONDELLE.

AMIS, le grand monde n'est fait
Pour les Muses, ni pour le Sage.
C'est sous un solitaire ombrage ,
Que la nature leur promet
Des plaisirs purs , & des jours sans nuage ;
C'est là qu'à ses amants elle dit son secret.

JADIS la rustique Hirondelle ,
Tranquille habitante des champs ,
Egaloit même Philoméle ,
Par la douceur de ses accents :
Mais bientôt, moins modeste qu'elle ,
Lasse d'enchanter les déserts ,
Et de n'avoir , pour juger ses concerts ,
Que l'innocente Pastourelle ;
Elle abandonna l'air natal ,
Quitta , pour un séjour stérile ,
Son petit Domaine rural ,
Et vint s'établir à la ville.
Là, ma sotte enfle en vain ses sons ,

Et prodigue sa voix légere :
On a bien autre chose à faire,
Que d'applaudir à ses chansons.

Qu'arriva-t'il ? le talent de la belle
En faste vint se convertir ;
Et l'ambitieuse Hirondelle
Oublia de chanter, pour apprendre à bâtir.

FABLE XIII.

LE LOUP ET LE BERGER.

Une cruelle épidémie,
Dans tout un Hameau circulant,
Avoit détruit la Bergerie
Du Pasteur le plus opulent.
Le Loup apprit son aventure,
Et vint lui marquer ses regrets.
Que je plains tes ennuis secrets !
Je sens la perte que tu fais,
Et bien vivement, je te jure.
Quoi ! tu n'as donc plus ces troupeaux,
Ces moutons si gras & si beaux
Qui firent long-tems tes délices,
Ces Chévres, ces blanches Génisses,
Et tous ces bondissans Agneaux ?
Ciel ! quelles furent tes allarmes,
Quand il fallut y renoncer !
Cette image arrache des larmes,
Et je suis tout prêt d'en verser.

Sire Loup, je te remercie,
Et je vois, répond le Pasteur,

Que vraiment on te calomnie ,
Lorsqu'on te refuse un bon cœur.
Dans nos cantons je vais le dire ,
D'aujourd'hui , je vois que le tien
Est très-sensible ». Oui , dit le Chien ,
Quand le mal d'autrui peut lui nuire.

FABLE XIV.

L'AIGLE ET LE SERIN.

L'AIGLE.

J'AIME les sommets orgueilleux.

LE SERIN.

Moi , j'aime un vallon solitaire.

L'AIGLE.

Je vais me perdre dans les Cieux.

LE SERIN.

Je revole auprès de Glicere.

L'AIGLE.

Je captiverai l'œil des Dieux.

LE SERIN.

Moi , les regards de la Bergere.

FABLE

FABLE XV.

L'AUTRUCHE.

« RANGEZ-VOUS tous, je vais voler,
Crioit une Autruche pesante :
Et les oiseaux de reculer,
Dans la plus curieuse attente.

« ALLONS, suivez-moi bien des yeux ;
Vous verrez si je tiens parole :
Je vais fendre l'azur des Cieux.
C'est pour le coup que je m'envole.
Gare, gare... en disant ces mots,
Que sifflent l'Allouette & quelques Hirondelles,
Elle étend lourdement ses gigantesques aîles,
Dont la masse ressemble aux voiles des vaisseaux.
Infructueux efforts ! cramponnée à la terre,
Ses pieds servent mal ses projets ;
Elle sillonne la poussiere,
Et, s'agitant toujours, ne s'éléve jamais.

CES disgraces sont ordinaires,
Et chez le peuple Auteur on ne voit que cela :
Combien d'Autruches Littéraires
Disent, *je vole*, & restent là ?

E

FABLE XVI.

LE BUREAU ET LA TOILETTE.

Dans le Magasin d'un Persan
Qui brocantoit dans toute la Syrie,
　　Une Toilette fort jolie,
　　Quoiqu'elle parlât Musulman,
Se trouvoit, par hazard, près d'un Bureau sévere,
　Meuble autrefois d'un membre du Divan,
Turc, s'il en fut, & Turc atrabilaire.

　» Pour m'approcher, sais-tu bien qui je suis,
　　Dit-il bientôt à sa voisine ?
　　Dans les états tout s'achemine,
　　A l'aide de mon noir tapis.
　　Je suis un très-grand Politique ;
Sans moi, point de contrats ; sans moi, plus de traités.
Les Actes importans me sont tous présentés ;
　　J'ai la confiance publique.

　» Pédant, c'est bien à toi de vouloir prendre un ton,
Dit la Toilette ; écoute & lutte, si tu l'oses :
J'habitois le serrail dans ma jeune saison ;
Tu jugeois les effets, j'appercevois les causes.

Par un seul mot, si tu sais voir,
Tu verras quel est mon mérite :
J'ai, pendant plus d'un an, soutenu le miroir
D'une Sultane favorite,
Disgrace, entreprise, faveur,
J'épiois tout, dans son principe :
Plus d'une fois, le Grand-Seigneur
A mes côtés fuma sa pipe,
Le Cadi fut biffé tout net ;
Ce Juge avoit trop de lumieres.
Mahmoud faisoit bien le sorbet,
On le fit Chef des Janissaires.
Certain Bacha fut empalé,
Pour un rêve de la Sultane ;
Traité par elle de profane,
Un Derviche fut étranglé.
Chaque petite fantaisie
Causoit un grand événement ;
Enfin le sort de la Syrie
Dépendoit d'une bouderie ;
D'un œil battu, d'une humeur du moment,
Ou quelquefois d'une insomnie.
J'ai… la porte s'ouvrit ; elle n'acheva pas.
Un seul témoin vaut mieux que cent gazettes.
Dieux ! faites parler les Toilettes !…
Et nous saurons le secret des Etats,

FABLE XVII.

L'ILLUSTRE MORT.

Un Philosophe, un Sage, un demi-Dieu ,
Un Archiméde , Arpenteur de la sphère ,
Hors lui n'estimant rien , n'aimant rien sur la terre ,
   Fou de calculs , faisant du reste un jeu ,
Mourut , un beau matin , comme un homme ordinaire.

   Le même jour , un Bourgeois expira ,
Homme obscur , de l'Algebre ignorant le mystère ,
Mais bienfaisant , humain , modeste , & cœtera.
A peine mon Savant dans le Royaume sombre
     Eut essayé les premiers pas ,
     Qu'on lâcha vîte après son ombre
Tous ces Prôneurs des gens qui descendent là-bas ;
     J'entends ces Orateurs sonores,
     Ces Panégyristes pompeux ,
     Qui, prodigues de métaphores ,
A l'abri du Héros n'écrivent que pour eux ,
Vous chargent les tombeaux de leurs fleurs inodores ,
   Et , s'épuisant en tristes lieux communs ,
Endorment les vivans , pour fêter les défunts.

On veut les lire ou les entendre.
L'illustre mort , comme Euclide cité ,
De personne n'est regretté :
Mais d'un encens exquis on régale sa cendre ;
Et le voilà chanté , préconisé, prôné ,
Gissant en mort bien conditionné.
Du Bourgeois, pas un mot ; muette est l'éloquence.
Eh ! direz-vous, voilà donc tout le prix ,
De ses vertus & de sa bienfaisance !
Ah ! ne le plaignez point ; il eut sa récompense ...
Il fut pleuré de ses amis.

Que m'importe qu'on me célebre ,
Quand j'aurai succombé sous la commune loi ?
La douleur qu'on laisse après soi ,
Vaut mieux qu'une Oraison funebre.

FABLE XVIII.

LE DÉVOUEMENT GÉNÉREUX.

Jupiter célébroit aux Cieux
La fête de son mariage.
Les animaux les plus religieux
Viennent en corps présenter leur hommage ;
Par Mercure introduits dans un ordre pompeux.
La brebis seule étoit absente.
Qui peut l'arrêter, dit Junon,
Et la rendre si négligente ?
Point de vœux, pas le moindre don !

Ne vous fâchez pas, ô Déesse,
Dit un chien, bon ami, quoique suivant la Cour :
Je l'ai vue, au lever du jour ;
L'Infortunée étoit dans la tristesse. ━
Comment ! & par quelle raison ? ━
Ah ! malheureuse, disoit-elle,
Je n'ai plus ni lait, ni toison :
Puis-je paroître à la Cour immortelle ?
Aux pieds du Souverain des Dieux,
Moi ! me présenter sans offrande !

Non ; tout l'Olimpe auroit sur moi les yeux,
Et ma douleur seroit trop grande.
Hélas ! je frémis d'y songer ;
Il vaut bien mieux que je périsse.
Ne pouvant rien offrir , je veux que le Berger
M'offre moi-même en sacrifice.

FABLE XIX.

L'HUITRE ET L'HOMME*.

L'HOMME.

Qu'ENTENDS-JE? une Huître qui raisonne!

L'HUITRE.

Le beau miracle, en vérité !
Que trouves-tu là qui t'étonne ?
Toute la nuit , j'ai végété
Sur ce roc qui me sert de trône :
Ce matin je suis en gaîté.
D'ailleurs , ton orgueil m'éguillonne,
Tu crois donc, que , l'homme excepté ,
Tout est brute dans la nature ?
Que ton esprit est limité ,
Et qu'à bon droit on le censure !
Apprends que dans cette prison
Qu'entre vous Océan l'on nomme ,
Chaque Etre pense à sa façon ,

---

* Le sujet de cette Fable est tiré du Livre qui a pour titre ;
Philosophie de la Nature.

Et que l'instinct de tel poisson
Vaut l'intelligence de l'homme.

l' H o m m e.

Opprobre de notre Univers,
Quels sont tes droits? produis tes titres :
Ne suis-je pas le Roi des Mers ?

l' H u i t r e.

Non. ... pas même le Roi des Huîtres.

l' H o m m e.

Quelle insolence ! je m'y perds.

l' H u i t r e.

Tous les êtres de mon espéce,
Dans le Royaume des Requins,
Vivent en vrais Républicains :
Ils ont leur sens & leur adresse,
Et leurs plaisirs, & leurs chagrins.
Ils ouvrent, ferment leur écaille,
Du soleil pompent les rayons,
Sans rien demander aux poissons,
Qui les effacent par la taille,
Ou par le vain éclat des noms.

l' H o m m e.

Doucement ! raisonnons ensemble.
J'ai des principes d'équité ;
Mais si tu me contredis, tremble.

L'HUITRE.

J'écoute avec docilité.
Voyons.

L'HOMME.

Plus je me considére,
Plus il me paroît assuré
Que rien, dans la nature entiere,
Ne sauroit m'être comparé.

L'HUITRE.

Eh ! la preuve ?

L'HOMME.

Je pense, & j'aime.

L'HUITRE.

Mais les poissons aiment aussi,
Et je suis fort tendre moi-même.
S'il s'en trouvoit un seul ici,
Rebelle à cette loi suprême,
Sa race s'anéantiroit,
Et, bornant par là sa puissance,
Des mondes le moteur secret
Auroit manqué d'intelligence.
Penser ! le grand mot que cela !

Homme superbe & ridicule ,
Tu partages cet honneur-là
Avec la moindre molécule.
Sans marcher de même que toi,
Sans nâger comme la morue,
N'ai-je pas ma raison à moi ,
Qui peut échapper à ta vue ?

L' H O M M E.

Oh ! la tête va m'en tourner ;
Encor de la Philosophie !
Mais , dis-moi : qui donc, je te prie ;
S'avisa de t'endoctriner ?

L' H U I T R E.

La Nature. Je suis fort vieille ;
J'ai vu , plus de deux mille fois ,
Du Dieu du jour l'aube vermeille
Se lever pour dorer mes toîts.
Dans la solitude que j'aime,
Souvent je cause avec moi-même ;
Je me plais dans cet entretien ;
Et tellement je m'évertue ,
Je sais tant, que j'en suis venue
A savoir , que je ne sais rien.

L' H O M M E.

Impertinent animalcule ,

Tu ne sais donc pas, comme nous,
Ce que pése l'eau qui circule
Dans les corps qu'elle produit tous ?
Comment, aux plaines éthérées,
Se forment l'orage & les vents,
L'attraction des Elémens,
Et le prodige des Marées ?

L'HUITRE.

Moi, je sais que j'ai des besoins ;
Et que je dois les satisfaire ;
Je borne, à cela, tous mes soins.
Que l'eau soit pesante ou légere ;
Autour de mon rocher natal,
Que les vents soufflent bien ou mal ;
D'honneur, il ne m'importe guère !
Me cachant à tous les regards,
Renfermée en Huître pensante,
J'oppose de fermes remparts
A la vague la plus bruïante : . . .
Nous bravons ce tumulte affreux ;
Et, Philosophes que nous sommes,
Nous ne craignons rien, sous les cieux,
Hormis les crabes & les hommes.

L'HOMME.

Ce mot sert à te condamner :

L'effroi même que je t'inspire,
Prouve mon droit de gouverner ;
Le Ciel voulut me le donner,
Et te soumet à mon empire.
Oui, oui, j'ai le droit du plus fort ;
Une Huître est toujours dans son tort,
Et ma clémence me fait rire.

L' H U I T R E.

Oh ! ceci me paroît subtil :
Ce droit du plus fort , quel est-il ?

L' H O M M E.

C'est.... la question est étrange !
C'est...

L' H U I T R E.

Quoi ?

L' H O M M E.

C'est. ... mais je suis trop bon !

L' H U I T R E.

Dis-moi du moins quelque raison.

L' H O M M E.

C'est ce qui fait que je te mange.

FABLE XX.

LE SCEPTRE ET L'ÉVENTAIL.

Un Sceptre magnifique, & d'un riche travail,
  Avec dédain voyoit un Eventail.
Es-tu fou, lui dit-il ; il te sied bien, beau Sire,
  De faire tant le renchéri !
  Songe à tous ceux qui t'ont flétri.
Si tu sers quelquefois, plus souvent tu sais nuire.
Je me mocque, d'ailleurs, de ton autorité.
  Reviens, crois-moi, de ton erreur profonde :
Tu régis, bien ou mal, quelque État limité ;
  Mais le Sceptre de la beauté
  Est vraiment le Sceptre du monde.

LIVRE TROISIEME.

FABLE I.

THÉONE ET KIA *.

K IA donnoit des loix au Peuple antique & sage,
   Qui vit naître Confucius;
La douce aménité brilloit sur son visage;
Et le Dieu des Chinois, dirigeant son jeune âge ,
Dans l'ame du Monarque avoit mis des vertus.
Le luxe altéra tout : flatté dans ses foiblesses ,
Il devint le jouet des femmes qu'il aima ,
Et d'un profane encens lui-même il parfuma
Les Temples somptueux, bâtis pour ses maîtresses.
Théone le perdit, en captivant son cœur.
Elle étoit exigeante, ambitieuse & vaine ;
Mais ses grands yeux mourans promettoient le bonheur :
Avec tant d'éloquence ils exprimoient sa peine ,
Que l'on accordoit tout à leur tendre langueur.

  * Le trait historique qui a fourni le sujet de cette fable , &
qui se trouve dans l'Homme Moral , par M. l'Abbé de Crillon ,
a fait époque dans les Annales de l'Empire de la Chine ; il a été,
selon le Pere du Halde, recueilli par les Mandarins.

Esclave idolâtrée, elle fut bientôt Reine;
Et l'on vit, de ce jour, s'endormir l'Empereur
Au sein voluptueux dè sa belle Sirène,
Lui versant, à longs traits, le nectar de l'erreur.
Théone commandoit : le ciel, la terre & l'onde
Soudain fournissoient leurs tributs;
La plus stérile arene, on la rendoit féconde;
Des jardins s'élevoient, dans les airs suspendus;
Les fleuves entr'ouvroient des chemins inconnus;
Un desir de Théone eût fait éclore un monde.
Un jour, sur des carreaux d'émeraudes semés,
La gorge nue, & les yeux enflammés,
Se cachant dans les bras du Prince qui l'adore
Et qui brûle d'un feu qu'elle réchauffe encore;
Ah ! dit-elle, si vous m'aimez,
Ne me refusez pas la grace que j'implore.
La vie est si rapide, hélas!
Faut-il que les nuits les plus sombres
Viennent abréger par leurs ombres
Des jours trop voisins du trépas ?
A quoi bon cette alternative
De splendeur & d'obscurité ?
Habitons un Palais où regne une clarté
Aussi belle & moins fugitive.
* Le *Tien*, moins grand que toi, dans les airs a placé

* Le Dieu des Chinois.

Ce

Ce Globe qui par lui borné dans sa carriere ,
  Tantôt brillant & tantôt éclipsé ,
  Nous ôte & nous rend la lumiere.
Que ne pourrons-nous point , inspirés par l'amour ?
Ce Palais est magique , & j'y desire encore.
  Cher Prince , éternisons le jour ,
Et n'ayons plus besoin du retour de l'aurore.
  Place , place , dans ton Palais
  Des Astres que tes loix maintiennent ,
  Des Soleils qui nous appartiennent ,
  Et ne s'obscurcissent jamais.
Les feux du Firmament , dans leur course féconde ,
  Luiront sur le reste du monde :
Nous aurons , à nous seuls , des orbes radieux ,
  Témoins de notre paix profonde.
Soyons tout , l'un à l'autre , & passons-nous des Dieux.
Presse-moi sur ton cœur , viens , ressens mon ivresse ,
Voi palpiter mon sein , brûlant de volupté ;
Par l'excès du bonheur ajoute à ma tendresse ,
Et quand le sort jaloux de ma félicité
Rompra de tes beaux jours la trame enchanteresse ,
Nous volerons ensemble à l'immortalité.

  LE crédule Empereur , séduit par cette image ,
Dans ce plan si hardi ne voit bientôt qu'un jeu :
  De la Nature il croit être le Dieu ,

F

Et, certain du succès, il ordonne l'ouvrage :
 Tout un peuple est en mouvement.
 Un superbe Palais s'éleve;
L'éclat de l'or s'y mêle au feu du diamant ;
A grands frais commencé, c'est le goût qui l'achève.
Les rayons du soleil n'y peuvent pénétrer : .
 Remplis de liqueurs inflammables
 Que l'art d'Hermès sut préparer,
De toutes parts des Globes innombrables
Sont les astres nouveaux qui le vont éclairer.
En demi-jours charmans la lumiere est brisée;
Des guirlandes de fleurs parfument les lambris,
Et d'humides vapeurs, dans les airs rafraîchis,
Tombent d'un autre Ciel, comme une autre rosée.

Au milieu des concerts, des danses, des festins,
 Les deux amans sont entrés dans leur Temple :
 A genoux leur cour les contemple ;
Et les Immortels même envîroient leurs destins.
 Ils se plongent dans la mollesse,
Dans l'abus des plaisirs, payés par leurs sujets ;
Et cet Olympe, où l'or ne doit tarir jamais,
 De tout l'Empire engloutit la richesse.

 La Nation jette un cri de douleur.
Un Ennemi voisin l'entend, s'arme, s'avance ;

Il triomphe, & le peuple abat avec fureur,
Le monument du luxe & de l'extravagance.
Le malheureux Kia se voit abandonné :
   Dans la misere & dans l'ignominie
Il traîne, avec horreur, les restes de sa vie...
Et ce Dieu d'un instant, mourut infortuné.

FABLE II.

LE JEUNE LION ET LE TIGRE.

Le Fils d'un vieux Lion commençoit à grandir ;
  Il étoit l'espoir des Provinces.
Mais , qui l'élevera dans le grand art des Princes ?
  Le pere y rêve, & songe à se munir
    D'un Gouverneur par excellence.
    Tous les courtisans d'accourir ;
    Car la place est de conséquence.
    C'est à qui sera le Mentor
    De ce rugissant Télémaque.
Un peu moins délié que le feu Roi d'Ithaque ,
    L'Ours est chassé comme un butor.
    Un Eléphant hérissé de science ,
Prudent , industrieux , surtout plein de raison ,
    Pour former le jeune Lion ,
    Se propose sans arrogance.
    Il est fort sage , disoit-on ,
    Mais il manque un peu d'élégance.
    Paroît un coursier généreux,
    Nourri dans les plaines d'Elide ,

Fameux par son courage, & sa course rapide ;
Mais il est noble & fier... on le croit dangereux.

AFFECTANT un maintien plus décent que rigide,
Un Tigre Moraliste, ou du moins soi-disant,
Trompe sa Majesté par un ton séduisant,
Et l'accent mesuré d'un langage perfide.
Sous un habit si velouté
Il doit loger un cœur timide,
Dit une Léoparde, au regard effronté,
Ainsi que la Panthere avide,
Folle d'un amant moucheté.
D'ailleurs, il plaît à la Lionne.
Jeune & coquette encor, son cœur s'est enflammé.
On juge l'air bien plus que la personne :
Le Tigre a pris un masque, & le Tigre est nommé.

PAUVRES sujets, que naîtra-t'il d'utile
D'un pareil choix? un Tigre éduquer un Lion !...
Tout ce qu'on peut en attendre de bon,
C'est que l'Instituteur étrangle son pupille.

~~~~~~

FABLE III.

LE LUSTRE ET LA LAMPE.

A uprès d'une Lampe enfumée,
Un Lustre fort brillant, mais tant soit peu brutal,
Faisant sonner ses boules de cristal,
Etaloit son éclat, vantoit sa renommée.

Va-t'en; tu me fais mal au cœur,
Dit-il à notre humble veilleuse :
Comment oses-tu, malheureuse,
Paroître aux pieds de ma grandeur ?
Vois-tu jaillir mes étincelles ?
On attache mes diamans
Aux lambris fastueux des belles ;
Et chacun de mes mouvemens
Semble surprendre, au-dessus d'elles,
Des feux & des astres mouvans.
Parmi les guirlandes de Flore
J'orne les fêtes des amans :
Je préside aux enchantemens
De Comus ou de Terpsicore,
Et trompe la marche du tems.

La Lampe lui répond : après tant de merveilles,
Quels titres vous citer ! vous seul les avez tous :
Je n'ai jamais brillé pour vos aimables fous ;
    Mais j'éclairai les doctes veilles
    Des *Racines* & des *Corneilles* :
On donne un bal, sans moi ; le *Cid* s'est fait sans vous.

FABLE IV.

LA LINOTTE.

Une étourdie, une tête à l'évent :
Une Linotte , c'est tout dire ,
Sifflant à tout propos, & tournant à tout vent,
Quitta sa mere , & voulut se produire ,
Se faire un sort indépendant.
Un nid chez soi vaut mieux souvent
Que ne vaut ailleurs un Empire.
Il s'agit de trouver un bel emplacement.

Ma Folle , un jour , s'arrêta près d'un chêne.
C'est , dit-elle , ce qu'il me faut ;
Je serai , là , comme une Reine ;
On ne peut se nicher plus haut.
En un moment le nid s'achéve :
Mais , deux jours après , ô douleur !
Par tourbillons le vent s'éléve ,
L'air s'embrâse , un nuage créve ;
Adieu , les projets de bonheur !
Notre Linotte étoit absente.
A son retour , Dieu ! quels dégâts !

Plus de nid ! le chêne en éclats !
Oh ! oh ! je serai plus prudente ,
Dit-elle ; logeons-nous six étages plus bas.

Des broussailles frappent sa vue.
La foudre n'y tombera point :
J'y vivrai tranquille , inconnue ;
Et ceci , pour le coup , est mon fait , de tout point.
Elle y bâtit son domicile ;
Moins d'éclat , sans plus de repos :
La poussiere & les vermisseaux
L'inquiétent dans cet asyle ,
Il faut prendre congé : mais , sage , à ses dépens ,
D'un buisson qui domine elle gagne l'ombrage ,
Y trouve des plaisirs constans ,
Et s'y préserve , en même tems ,
De la poussiere & de l'orage.

Si le bonheur nous est permis ,
Il n'est point sous le chaume, il n'est point sur le Trône ;
Voulons-nous l'obtenir, amis ?
La médiocrité le donne.

FABLE V.

L'ÉCHO.

Bois, qui fus le témoin de mes premiers *desirs*,
Quand tu m'offris Émire à l'ombre de ce *hêtre*,
Voi couler tout mon sang sur cette urne *champêtre*
Qui contient mon trésor, ma vie & mes *plaisirs*.

C'est ainsi qu'un amant regrettoit son amante,
L'air égaré, l'œil sombre, un poignard à la main ;
Et l'écho redisoit, du creux d'un roc voisin,
Les derniers mots de sa plainte éloquente.
Errant près de ce bois, un Berger amoureux
Les entend & s'écrie : insensible maîtresse !
Tout parle de plaisir, d'amour & de tendresse ;
L'écho répéte ici les soupirs d'un heureux.

Tout-a-coup des sanglots troublent sa rêverie :
Il accourt, quel spectacle ! il voit, près d'un tombeau,
Et baigné dans son sang le Pasteur le plus beau...
Le Pasteur qui venoit d'exciter son envie.

Chaque Mortel a ses douleurs ;
Ne jugeons point d'après notre délire :
C'est dans les ames qu'il faut lire,
Et tous les échos sont trompeurs.

FABLE VI.

LE TYRAN ET L'OMBRE.

U N Phalaris, un Tyran formidable,
Sous un Sceptre de fer accabloit ses sujets.
Dans son cœur, effrayé de ses propres forfaits,
Il trouvoit l'enfer du coupable.

U N jour, ayant doublé la garde du Palais,
Il parcourt de son parc les lieux les plus secrets,
Que rend plus ténébreux sa morne rêverie.
Là, se cachoit, le glaive en main,
Un citoyen, chargé des vœux de la patrie,
Qui, dans l'obscurité se frayant un chemin,
Pour immoler ce monstre, avoit risqué sa vie,
Et s'apprêtoit à lui percer le sein.

I L l'apperçoit, approche, & retient son haleine;
Sur la mobile arene il suspend tous ses pas,
Le suit, guette l'instant, & léve enfin le bras. . .
Le Tyran voit son ombre, & la prend pour la sienne.
O Dieu ! dit-il, plein d'un mortel effroi,
Qu'annonces-tu par un si noir présage ?

Tout du trépas me présente l'image :
Mon simulacre même est armé contre moi.

Voici l'heure de la vengeance,
Lui dit notre Brutus, en le frappant alors ;
Mais tu me dois quelque reconnoissance, ..;
Je te délivre des remords.

FABLE VII.

LES DEUX RUISSEAUX.

U N Ruisseau, devenu torrent,
A chaque pas enflé dans sa course rapide,
Et dédaignant le lieu de sa source timide,
Vers les gouffres amers couroit en murmurant.

A u creux d'un vallon solitaire,
Il rencontre un autre Ruisseau,
Promenant l'onde la plus claire,
Sous des saules unis qui furent son berceau,
Et sur les fleurs qu'il désaltere.
Pour caresser la plaine, il divise son cours ;
Dans ces lieux enchantés cent fois il se replie ;
Il y forme, en jouant, d'innombrables détours,
S'éloigne, reparoît, brille, se multiplie...
Je le crois bien ; eh ! peut-on, dans sa vie,
Embrasser trop souvent l'objet de ses amours ;

R A N G E - T O I donc, lui dit son confrere superbe,
Que fais-tu là sur mon chemin,
Toi, petit filet d'eau, qui sourdis sans dessein,

Bon, tout au plus, à figurer sous l'herbe ?
Avec tes mille tours, réponds, quel est ton but ?
Pour moi, je suis un Ruisseau de fortune,
Et je cours porter mon tribut
Au vaste Empire de Neptune.

Bon Dieu ! passez, Monsieur le Courtisan.
Votre Grandeur ne me fait point envie ;
Vers la mer prenez votre élan :
Moi, j'aime mieux, telle est ma fantaisie,
Etre adoré d'une prairie,
Que méprisé par l'Océan.

FABLE VIII.

L'ANE VERT.

Une Veuve, déjà sur l'âge. ..
(C'est une veuve de Village ;
Il importe, ou n'importe pas,
Le voilà dit, sans trop de verbiage ;
Revenons vîte sur nos pas).
Quoique bien loin de son aurore,
Cette veuve aspiroit encore
A se donner quelques beaux jours :
Eh ! le moyen, sans les amours ?
Vieille Cibéle, ou jeune Flore,
C'est à ces fripons-là que l'on revient toujours,
Un beau Garçon, d'une heureuse encolure,
Convenoit fort à Madame Germain.
L'Héroïne de l'aventure
S'appelle ainsi, l'autre a nom Mathurin,
Très-pauvre en fonds de terre, & très-riche en figure.
Notre folle nourrit son desir *in petto*,
Convoite, & brûle *incognito*,
De peur d'exciter le murmure.
Il fallut cependant éventer son projet,

En faire part à sa commere,
Matoise, s'il en fut! bonne pour un secret,
Et très-propre à conduire un amoureux mystère.
Comment, lui dit-elle, un matin,
Trouves-tu le gros Mathurin,
Le fils de Perrette & de Pierre?
Je t'avoûrai, qu'il est fort à mon gré;
Et sans les langues mal-disantes,
Les sots propos, & les chansons courantes,
J'en dirois deux mots au Curé.

Bon, commere! à cela ne tienne,
Lui dit l'autre; mariez-vous:
C'est votre fantaisie; on a chacun la sienne,
Ce n'est pas trop; contentons-nous:
Puis après, que l'ennemi vienne.
Sans doute on te chansonnera;
A tes dépens le village rira.
Tarare: en un moment tout peut changer de face.
Un rien éteint ces rumeurs-là.
Que dis-je? si tu veux, cet âne que voilà,
Fera taire la populace. —
Cet âne? —Eh! oui, cet âne; allons, j'ai mon dessein;
Et tu seras Mathurine demain.
Bien volontiers. —La veuve est opulente;
Ses cinquante ans, dès-lors, n'en paroissent que trente,
Et Mathurin se vend de très-grand cœur.

Il

Il croit bêtement qu'une rente
Est l'équivalent du bonheur.
Ils s'épousent. Dans le village
Vous jugez quel charivari !
Les chiens, qu'excite le tapage ;
Sautent aux poches du mari ;
Les plaisans fondent par nuées ,
On n'entend que malins couplets ;
La Doyenne des Mariées
Avec de vieux atours, & de plus vieux attraits ;
Est reconduite, à travers les huées ,
Les brouhahas & le bruit des sifflets.

D u logis, tout-à-coup, un âne vert s'élance ;
C'est l'âne en question ; pendant tout le caquet ,
L'autre commerre, avec intelligence ,
L'avoit fait peindre en Perroquet.
Nos francs badauts de crier au prodige ,
D'escorter le baudet comme un triomphateur :
Un âne vert ! n'est-ce point un prestige ?
Mais, peut-être , est-ce à l'art qu'il doit cette couleur ?
Non , dit un autre , je vous jure
Que c'est un jeu de la nature.
Si l'on veut, je vais parier.—
D e quel pays est-il ? —du Cap, dit un Barbier
(Le bel Esprit, l'Orateur du village ,

G

Contant toujours quelqu'étonnant voyage)
Et du Cap-verd, encor; croyez-m'en, sur ma foi.
Je me connois en ânes, moi.

HÉLAS ! s'écrioit une vieille,
Toute la nuit, je l'ai songé :
Oui, riez, je vous le conseille :
Quand l'Eternel est outragé,
Exaltez bien votre merveille.
Je me rappelle que jadis,
D'un amas antique de planches
On vit sortir des souris blanches,
Qui trotterent sous le parvis :
Eh bien ! de cet affreux présage
S'ensuivit la mortalité :
Mon pere, alors fut emporté ;
Et ma tante plia bagage.
Depuis que ces chats gris, qu'on appelle Chartreux,
S'impatronisent dans nos villes,
Tout y va, comme il plaît aux Cieux.
Les hommes sont dormeurs, & les femmes stériles ;
A trente ans, on est déjà vieux.
Plus de moissons, le ciel maudit la Terre.
Des chats chartreux ! n'est-ce point une horreur ?
Le moyen qu'on n'ait pas la guerre ?
Puis, on revient à l'âne ; on parle, on délibére ;

C'est un Prophéte de malheur ,
Qu'il faut jetter dans la riviere—
Il fait, un jour entier , la publique rumeur.
Le lendemain , c'est autre chose :
Un Charlatan , bien fourbe & bien payé ,
Montre un singe couleur de rose ;
Et l'âne vert est oublié.

O Muse indiscrette & volage,
Par accident nous serions-nous mépris ?
Aurois-je désigné Paris ,
En peignant les fous d'un village ?

FABLE IX.

LA BONNE BREBIS.

En butte à la fureur des autres animaux,
La Brebis, surmontant sa crainte,
A Jupiter porta sa plainte,
Le pria de l'entendre & de finir ses maux.

Le Dieu, par ce discours, la flatte & la rassure :
Contre tes ennemis j'aurois dû mieux t'armer ;
Je le vois, bonne créature,
On opprime souvent ceux qu'on devroit aimer :
Mais réparons. Souhaite une défense ;
Et je souscris soudain à tes desirs prudens :
Veux-tu des griffes ou des dents ? —
Moi ! j'aurois quelque ressemblance
Avec ces animaux qui dévorent les gens ! —
Faut-il de noirs venins infecter ton haleine ? —
Ah ! Dieu ! j'exciterois la terreur & la haine :
On a tant d'effroi des serpens ! —
Aimerois-tu donc mieux des cornes à la tête ? —
Le Bouc en a , le Bouc est trop hargneux ;
Son Arme apparemment l'empêche d'être honnête :

Rien de commun entre nous deux. —
Chaque mot que tu dis redouble ma surprise ;
De ta douceur enfin songe à te départir.
    Si tu ne veux pas qu'on te nuise ,
A nuire un peu toi-même, il faut bien consentir. —

    QUE je nuise ? qui, moi, mon pere !
Combien j'expîrois vos bontés !
    Ah ! laissez-moi mon caractére :
    Mon cœur répugne aux cruautés ;
Et j'aime mieux les souffrir que d'en faire.

FABLE X.

LE DIAMANT ET LE LAPIDAIRE.

Un Lapidaire travailloit
Des pierres qui n'étoient point fines :
En facettes il les tailloit ,
Les montoit à plaisir ; on les trouvoit divines.
Quel feu ! disoit-on, quel éclat ! ...
Un Diamant, tout brute encore ,
Reste à l'écart ; on n'en fait nul état ;
Il est de prix, mais on l'ignore.
L'essentiel est de briller :
Le mérite caché bien rarement prospére :
La plus précieuse matiere
N'est rien , sans l'art de l'Ouvrier.

Cette Fable me paroît claire.
Auteurs , le meilleur fond a besoin d'ornement :
Le génie est le Diamant ;
Et le goût est le Lapidaire.

FABLE XI.

LA MULE ET LA PANTOUFLE
DU MUPHTI.

Une Mule bien élégante,
Faite exprès pour un pied Chinois ;
Près d'une Pantoufle imposante ,
Déraisonnoit; oh ! je le crois :
Qu'importe ? elle étoit amusante.

Où donc, lui dit-elle gaîment ,
Ai-je vû ta grave éminence ?
J'ai de toi, je ne sais comment,
Quelque vague réminiscence —.
Je chaussois jadis un Muphti.
Oh! ta mémoire aide la mienne :
Je chaussois une Circassienne
Dont le pied étoit fort joli;
Et j'en suis la preuve certaine.
Ce Muphti là, je m'en souviens ;
Trois ou quatre fois par semaine
Avoit de très-vifs entretiens
Avec sa douce anti-Chrétienne.

G iv

Sauf le respect de Mahomet,
Il venoit souper avec elle,
Et mettoir aux pieds de la belle,
Son cœur, sa pipe & son bonnet :
Voilà, selon toute apparence,
L'époque de la connoissance.
Oui, oui, je le croirois assez.
Plus d'étiquette, allons de compagnie;
Le sacré brodequin, & la Mule étourdie,
Se sont souvent entrelassés.

FABLE XII.

LA TULIPE ET LES BLEUETS.

Un jeune Amant bien tendre, &, je crois, bien fidele,
Avoit cueilli des Bleuets pour sa belle.
En attendant l'heure du rendez-vous,
   Il se promenoit dans les serres
   D'un curieux, ivre & jaloux
De ses riches oignons, de ses fleurs solitaires.

   Voyez, lui dit notre amateur,
Cette Tulipe, à la tige hautaine ;
   Elle me vient du Grand-Seigneur.
Moi, j'ai cueilli ces Bleuets dans la plaine ;
Reprit l'amant inspiré par son cœur.
Ah ! le Bleuet est la plus belle fleur ;
   Il est préféré par Climéne.
   Sa main le mêle à ses cheveux,
Ou l'attache à son sein, à côté de la rose ;
   C'est-là que souvent il repose.
Il naît moins éclatant, pour mourir plus heureux.

FABLE XIII.

LA FORTUNE, L'AMOUR ET LE DESTIN.

De l'Univers le grand Arbître,
Ce Dieu qu'on appelle Destin,
Lassé de tenir son Régître,
De peser chaque sort humain,
Et dé tout noter par chapitre,
Voulut se reposer, s'amuser à son tour;
  Et, se mocquant de nos plaintes secrettes,
  Chargea la Fortune & l'Amour,
De rédiger les terribles tablettes
Que n'éclaire point l'œil du jour.

  VOILA donc nos deux Secretaires;
Feuilletant, à l'envi, les archives d'airain;
  Et, comme ils sont l'un à l'autre contraires,
Véxant ce globe-ci, cahoté sous leur main.
  Si la Fortune, moins cruelle,
Avoit inscrit les noms de ses heureux amans;
  Bientôt son Collégue infidéle,
  A son insçû, prenant son tems,

Les rayoit d'un coup de son aîle ;
Et l'autre déité, par un juste retour,
Interposant une feuille nouvelle,
Supprimoit tous les noms qu'avoit écrits l'amour.

CHERS amis, prenons patience ;
Dans tous les tems, l'homme ainsi fut mené :
Par le Destin il est abandonné ;
C'est un trône vacant, si j'en crois l'apparence.
De notre globe infortuné
Deux étourdis ont toujours l'intendance :
Aussi va-t'il, comme il est gouverné.

FABLE XIV.

LE CHÊNE ET LE GLAND.

Un Chêne altier s'indignoit de son fruit,
De mon ombre, dit-il, je protége la terre ;
Je suis l'arbre du Dieu qui lance le tonnerre,
    Et voilà ce que j'ai produit !

Ingrat, reprit le Gland, qui parloit comme un Sage,
    D'où te vient tant de vanité ?
Dans tes vastes rameaux reconnois mon ouvrage ;
    Sans moi tu n'aurois pas été :
J'enfermois dans mon sein ton superbe feuillage,
    Toujours sublime, en ses moindres décrets,
    La nature qui me destine
A te perpétuer dans le fond des forêts,
    Sur ta cime m'éléve exprès,
Pour mieux te rappeller à ton humble origine.

FABLE XV.

LA FORCE DES LARMES.

Consommé dans l'art des Tibéres,
D'un état malheureux le lâche usurpateur
   Sur les enfans & sur les peres
   Exerçoit cet art destructeur.
Chaque parole est coupable ou suspecte ;
Le silence est prescrit par la voix des Bourreaux
  Qu'en frémissant tout un Peuple respecte :
Les pâles citoyens se taisent sur leurs maux ;
   Mais par des signes énergiques ,
   Des cœurs interprètes muets ,
   Ils expriment leurs vœux secrets,
   Et les calamités publiques.

  Ces signes éloquents sont bientôt interdits.
Alors un citoyen , appésanti par l'âge,
Arrive dans la place où des Rois du Pays,
   Le Bronze éternise l'image ,
  Et la retrace aux regards attendris :
Là , tombant à genoux au pié de la statue
   Du plus aimé de tous ces Rois ,

Il l'arrose de pleurs, au défaut de la voix.
Sublime expression . . . . qui ne fut pas perdue!
   Le peuple interprête bientôt
Cette auguste douleur, ces profondes allarmes :
   Tous les yeux sont trempés de larmes ;
Mille soupirs unis ne font plus qu'un sanglot.

   On instruit le Tyran, & lui-même il s'avance.
   Il veut, pour comble de tourmens,
Priver ces malheureux de leurs gémissemens. . . . .
   Le désespoir leur rend l'indépendance :
Le peuple sent sa force, & court à sa défense ;
Tous les bras sont armés ; le sang coule à grands flots ;
La garde est égorgée, & le monstre en lambeaux.

   De l'espéce humaine avilie
   Imbécilles persécuteurs,
   Prenez les biens, ôtez la vie,
   Mais ne défendez point les pleurs.

※◎◎◎◎◎◎◎◎◎◎◎◎◎◎◎◎◎◎◎◎◎※

FABLE XVI.

L'ESCARGOT ET LA CIGALE.

Vers l'ombre épaisse d'un buisson,
Un Escargot se traînoit avec peine,
   Portant avec lui sa maison.
   Le gîte avoisine la plaine ;
Mais quand on est chargé, tout chemin paroît long.
Le voyageur s'en plaint, la chaleur est extrême.
Ses cornes de sortir, puis de se renfoncer ;
   Il s'arrête au lieu d'avancer ;
L'aiguille d'un cadran marche à peu-près de même.
   Pendant une pause, il entend
   Auprès de lui chanter une Cigale :
   Bon ! s'écria-t-il à l'instant,
   D'une aubade l'on me régale !
   Je suis bien en train de concerts ;
Mais combien j'envierois le sort de la chanteuse !
Que ses loisirs sont doux, que sa vie est heureuse !
C'est pour elle à coup sûr qu'est fait cet Univers :
Sous un lourd édifice elle n'est point courbée ;
   En un clin d'œil elle saute à vingt pas :

Moi, pauvre Here, je fuis las,
    Après une seule enjambée.....

T R o p heureux Escargot, disoit l'autre à son tour;
De son destin encor plus mécontente,
Tu ne crains sous tes toits, sous ta maison rampante,
Ni la fraîcheur des nuits, ni la chaleur du jour.
    Que près du tien mon sort est ridicule !
Tandis qu'en bon bourgeois tu vis dans ta cellule;
    Je suis en butte aux bourasques de l'air.
        Je grille dans la canicule,
        Et meurs de froid pendant l'hyver.

    N o t r e condition en vaut souvent une autre;
Le Ciel fit pour le mieux; nous plaignons nous de lui?
    C'est lorsque dans l'état d'autrui
Nous ne voyons que ce qui manque au nôtre.

FABLE

FABLE XVII.

JEANNOT ET LE FRÊLON.

U n jeune enfant, c'est Jeannot qu'on l'appelle,
   Cueilloit des fruits dans un jardin :
   Un Frêlon le pique à la main ;
   La foiblesse est toujours cruelle.

   Le pauvre Jeannot jette un cri ;
   Mais plus insolent, plus agile,
   Une seconde fois l'orgueilleux volatile
   Sonne la charge autour de lui.
   Furieux, le vaincu s'élance,
Saute après le Frêlon, s'obstine, & le saisit.
   Dans le malheur, plus d'un sage le dit,
   Rien n'est plus bas que l'impudence.

   A h ! j'implore votre clémence,
S'écria le Captif, d'un ton presque touchant
   Laissez-moi vivre, bel enfant,
   En faveur de mon innocence :
   Mon petit dard fait seul mon existence ;
   Et si parfois il est cuisant,

                                        H

C'est la nature, en conscience,
Qui veut que je sois mal-faisant. —

O h ! c'est la nature ! à merveille, -
Reprit Jeannot qu'il croyoit abuser.
C'est elle aussi qui me conseille,
Et qui me dit de t'écraser.

FABLE XVIII.

LA SOURIS VOYAGEUSE.

Dans le Sénat du peuple des Souris,
Un jeune Magistrat racontoit ses voyages.
Oui, Messieurs, disoit-il, sur les lointains rivages ;
 Chez les peuples les plus polis ,
J'ai visité , d'après l'avis des sages ,
 Tous les greniers les mieux fournis.
O prodige ! un beau soir, sous une voûte obscure ;
J'ai vû des animaux qui parlent comme nous,
 Et j'ai très-bien vû, je vous jure ;
Ils sont enveloppés d'un duvet lisse & doux ;
 Ils ont l'œil vif, la patte fort menue,
Et la peau veloutée, & l'oreille pointue ;
 Mais, écoutez. Ces animaux,
 Qui, plus que nous, me paroissent agiles ;
  S'affublent de certains manteaux
  Formés de membranes mobiles ,
  Et volent comme des oiseaux.

 — O l'ignorant ! ô la tête éventée !
  Dit aussitôt, avec mépris,
  La Doyenne expérimentée ;

      H ij

Eh ! c'étoient des chauves-souris ?
Nous en voyons autant , sans quitter nos taniéres :
Une autre fois , on t'enverra bien loin ,
Pour nous en rapporter de si vives lumieres. . . .
Sénat, comptons encor sur un pareil témoin.

APPROFONDIR les mœurs, observer les usages ;
C'est l'étude des bons esprits,
Qui ne va point à tous les âges.
Que de jeunes gens à Paris
Sont aussi sots que ma souris ,
En revenant de leurs voyages !

FABLE XIX.

LA POULE AVEUGLE.

Une Poule perdit les yeux :
On manda vîte un Oculiste,
Et sûrement le plus fameux ;
Mais contre un accident si triste
Il ne peut rien, si ce n'est discourir ;
C'est le tic de nos Hyppocrates
Habiles à parler, un peu moins pour guérir.
La bonne bête, avec ses pattes,
(On parle de la Poule, & non du Médecin,)
Grattoit toujours la terre & la grattoit en vain :
Une autre poule, alerte & clairvoyante,
Mais de qui les ergots étoient fort délicats,
Marchoit à ses côtés, la suivoit pas à pas,
Profitant du travail de la pauvre impotente.
Dans le meilleur fumier en vain elle fouilloit :
Elle en tiroit le grain ; & l'autre l'avaloit.

J'avois un but ; ma fable y méne.
La Poule aveugle est le compilateur ;
Sa compagne c'est vous, avide Rédacteur ;
Qui vivez du fruit de sa peine.

H iij

FABLE XX.

LA FOLIE ET LA RAISON.

O<small>H</small> ! combien je te remercie,
Disoit un jour à la grave raison
   L'aimable & riante Folie !
Je te dois tout... Eh ! comment, je vous prie,
   Dit la pédante, en prenant le haut ton !
L'homme n'est vraiment fou, qu'au moment qu'il raisonne,
Reprit l'autre Déesse, avec l'air étourdi ;
C'est, alors qu'il dédaigne un instinct monotone,
   Qu'il cherche un plus solide appui ;
   Et moi, je m'empare de lui,
   Sitôt que l'instinct l'abandonne : •
Je le méne où je veux, d'invisibles filets
   Je seme avec art sa carriére :
   Vainement ton flambeau l'éclaire,
   Je fais briller mes feux folets ;
   Et le voilà qui court après,
   En les prenant pour ta lumiere.

LIVRE QUATRIEME.

FABLE I.

LES OISEAUX DE PROIE.

Habitant d'une vieille Roche,
Jadis un Hibou du Morvan,
Ennemi du soleil levant,
Et des humains fuyant l'approche ;
S'avisa de penser, comme pense un hibou.
  Que fais-je, dit-il, dans mon trou ?
  Je suis l'effroi de la nature :
  Je veux enfin changer d'allure,
Me mettre au ton courant, fréquenter les berceaux ;
  Et m'égayer sous la verdure,
Donner même concert ; le monde est plein de sots,
  On louera jusqu'à ma figure.
  Ce hibou-là raisonnoit juste ; il sort
  De sa crevasse, & veut prendre l'essor :
Mais il rase en coupable une Bruïere obscure.
  Il va trouver son cousin l'Emouchet,
  Son digne confrere en rapines,

H iv

Qui , sous des mazures voisines ,
Non loin d'un colombier , tendoit son trébuchet.

Cousin, dit-il, je suis un parent plein de zéle ;
J'ai fait un plan de vie , & t'y veux aggréger.
Nous croquerons toujours Pigeons & Tourterelle :
 A son régime il faut être fidelle ;
Cela fait un bon chile , il n'y faut rien changer.
Mais, nous pourrons , au moins, avec un peu d'adresse ,
 Aller partout , être considérés ,
 Réhabiliter notre espéce ;
Nous sommes les plus forts , soyons les plus madrés.
 Que l'Epervier avec nous s'associe :
  Invitons-y maître corbeau
  Et la choüette du hameau ,
  Et formons une Académie.
  Ayons quelques Paons pour prôneurs ;
  Ce sont d'éminentes personnes :
Notre gosier est dur , mais nos serres sont bonnes ;
Nous pourrons toujours bien étrangler nos censeurs.
Tope , dit l'Emouchet, qu'a séduit ce langage ;
Tu parles d'étrangler , c'est un projet fort sage.
 L'Epervier l'entend ; il accourt.
La choüette passoit, on l'arrête au passage ;
 Et nos brigands, pour se rendre au bocage ,
  Prennent le chemin le plus court.

Sous un antique ormeau, les voilà qui s'installent :
Les Marsias en pied, les Amphions détalent ;
Ils abandonnent tout, leurs amours & leurs nids.
Eh ! Messieurs, arrêtez, leur crioit la choüette ;
 Ne quittez point votre douce retraite :
Nous voulons désormais n'être que vos amis.
Ce soir, vous aurez bal avec grande musique,
 Le tout suivi d'un banquet magnifique ;
Par les mêmes talens nous allons être unis.
  Les gens d'esprit quelquefois sont des bêtes :
  Hélas ! les pauvres oisillons
  S'en vont gobant ces hameçons,
  Et ne rêvent plus qu'à des fêtes.

 L'HEURE est donnée, on vient au rendez-vous.
Chut, chut, dit l'un des quatre : on fait un grand silence ;
Le corbeau prend l'accord, & le concert commence,
 Concert affreux, fait pour des loups-garoux.
Le rossignol frémit & tombe en défaillance :
Bouvreuil, Chardonneret, tout semble épouvanté :
La linotte indiscrette en dit ce qu'elle pense ;
On lui fait signe en vain ; dans sa vivacité,
 Elle siffla, si l'on en croit l'histoire.
Et l'Orchestre à l'instant dévora l'Auditoire.

 J'ENTENDS les cris des chiens, & la voix des Chasseurs ;
Mânes plaintifs, vous aurez des vengeurs.

Déjà la chouette est tombée :
L'épervier atteint, à son tour,
Sent défaillir sa serre recourbée,
Et lâche, à l'instant même, un Chantre de l'Amour.
Enfin l'Auteur de cette Tragédie,
Notre hibou qu'on expedie,
Ferme ses gros yeux ronds à la clarté du jour.

ET chouette & hibou sont les sots despotiques ;
Soi-disans Protecteurs, mais fléaux des talens ;
Et les Chasseurs, ces courageux critiques,
Par qui les arts sont vengés des méchans.

━━━━━━━━━━━━━━━━━━━━━━━━━━━━

- *FABLE II.*

LE JET-D'EAU ET LE RÉSERVOIR.

D ANS un Parc dessiné, d'après les meilleurs plans,
Un Jet-d'eau dans les airs s'élevoit sous l'ombrage,
  Et retomboit, à travers le feuillage,
En perles, en rubis, en globules roulans.
Notre jet-d'eau s'oublie, ainsi que c'est l'usage ;
(On a vû, de tout tems, les sots se prévaloir)
    Il insulte, dans son langage,
    L'onde obscure du réservoir,
  Qui subvenoit à tout son étalage.

    V oi, lui dit-il, ce pompeux appareil,
  Si jusqu'à moi peut arriver ta vue :
Voi ces gerbes d'argent dont s'enrichit la nue,
    Et que j'oppose aux rayons du soleil.
    A quoi sers-tu, misérable eau dormante ?
Quand je m'éléve aux Cieux, à mes pieds tu croupis :
    Ton voisinage me tourmente,
Et gâte bien souvent les lieux que j'embellis.

    COMME il parloit, un des canaux se brise :
Au fond du réservoir il s'entr'ouvre un chemin,
               Et soudain,

L'onde sourdit, décroît, coule & s'épuise.
Vous eussiez vû les rubis s'exhaler,
    Toutes les gerbes disparoître,
    Et les perles dégringoler.
Notre orgueilleux commence à se connoître :
Il baisse, il tombe, il ne peut plus aller,
Il est à sec. Vous devinez peut-être,
    De ma fable quel est le sens :
Appauvrissez le peuple, adieu l'éclat des Grands.

FABLE III.

LES DEUX MONTRES.

Un Horloger venoit de faire emplette
De deux Montres : l'une , sans art,
Pour le dehors , semble, au premier regard ,
Valoir à peine qu'on l'achete :
Mais , au dedans , elle est parfaite ;
Le mouvement en est exquis ;
Tous les ressorts en ont été finis ;
C'est Julien Leroi qui l'a faite.
L'autre , à l'extérieur , éblouit tous les yeux :
Elle s'enorgueillit de sa boîte émaillée ;
Le diamant l'enrichit de ses feux ;
Son aiguille étincelle , élégamment taillée ,
Et fait jaillir l'éclair, dans son cours radieux,
Autour du cercle , où l'heure est calculée :
Mais l'ouvrage perd tout , s'il est approfondi :
Notre Belle, par jour, fait plus d'une escapade ;
Elle a l'allure brusque , & le pas étourdi :
Comme plus d'une tête , elle va par boutade ;
A six heures , cent fois , elle a marqué midi.
Quoi qu'il en soit , dans la boutique

Entrent deux acheteurs : l'un, françois élégant,
   Laisse à la porte, un vis-à-vis brillant,
Des valets, un coureur, un train fort magnifique.
L'autre est seul, marche à pied, est sagement vêtu ;
    C'est quelque Anglois, je le parie,
   Peu fastueux, & partant peu connu.
Notre joli pantin, que l'éclat doit séduire,
    Se saisit du petit trésor,
   Que bien ou mal j'ai tâché de décrire.
   Les diamans, le frais émail de l'or,
    Tout cela le frappe & l'attire ;
Trompé par l'enveloppe, il admire, il admire....
— Le prix? Mille écus. — Bon ! — de sa bourse il les tire ;
Et dupe, à si grands frais, il s'applaudit encor.
Avoir un goût si fin, dit l'Artiste, à votre âge ! —
    Voilà de quoi le rendre fou :
    Il est ivre d'un tel suffrage :
Bref, le François bien cher n'achéte qu'un joujou ;
L'Anglois, pour peu d'argent, emporte un bon ouvrage :
Car il a pris la montre au modeste entourage ;
Il a besoin d'un meuble, & non pas d'un bijou.

    FIER de son emplette nouvelle,
De ce moment, mon fat désordonné
    Se fie à son guide infidelle.
Il n'oseroit penser qu'une montre si belle

Ait un intérieur si mal discipliné.

Il dort, veille au hazard, tarde & manque une affaire ;

Même ses rendez-vous, encor plus importans.

    Sa conductrice irréguliere,

Loin de les indiquer, brouille tous les instans.

Faut-il solliciter quelque emploi, quelque poste,

Qui soit par cent rivaux vivement demandé ?

    A Versaille il arrive en poste,

Une heure après qu'il vient d'être accordé :

Il poursuit vingt beautés, & n'en attrape aucune :

    A la simple écorce attaché,

    Il laisse aller amours, fortune,

    Pour avoir fait un sot marché.

    QUANT à notre sage, au contraire,

Il voit tout prospérer, au gré de ses desirs :

Du tems qu'il asservit distributeur sévére,

Il sait entremêler l'étude & les loisirs,

Use du jour qui fuit, fait tout ce qu'il veut faire ;

    Et donne enfin, heureux à sa maniere,

Les heures aux devoirs, les instans aux plaisirs.

    DE cette fable-ci le sens est clair, je pense,

    Et ne s'offre point à demi :

    Voulez-vous choisir un ami ?

    Défiez-vous de l'apparence.

FABLE IV.

LA LEÇON D'UN VIEILLARD.

Le Calife Almalek, Conquérant plein d'orgueil,
Du Sultan Amurat avoit défait l'armée :
Yvre de ses succès & de sa renommée,
Il portoit en tous lieux le ravage & le deüil ;
       Et sous une vaine fumée,
Les volages destins lui cachoient son écueil.
Au Palais du vaincu, fierement il s'avance,
       Accompagné de Captifs dans les pleurs,
De soldats & de chefs, & surtout de flatteurs :
Ce Mortel teint de sang est un Dieu qu'on encense.
Un vieux Mage, courbé sous le fardeau des ans,
       Qui d'Amurat avoit guidé l'enfance,
          Parmi ces lâches courtisans
          Gardoit le plus morne silence ;
          Et ses yeux cavés par le tems,
D'Almalek entouré de fourbes caressans,
       Avec pitié contemploient l'insolence.
Le Tyran l'apperçoit, & las de sa constance :
Mon triomphe, dit-il, semble peu l'émouvoir :
Toi, dont on m'a vanté la longue expérience,

                                        Comment.

Comment n'as-tu pas su prévoir,
Que ton maître aujòurd'hui seroit en ma puissance ?
Regarde ; le reconnois-tu ?...
(Au même instant , on apporte sa tête.)
Oui , répond le vieillard , sans paroître abattu ;
Et cet aspect m'apprend ce que vaut ta conquête,
J'ai vû dans ce Palais tour-à-tour apporter
La tête de Sélim à son vainqueur Korame ,
Celle de ce Vainqueur au Sultan Abdérame ,
Que rien dans ses projets ne sembloit arrêter ;
Celle enfin d'Abdérame , ici ; sous ce dais même ,
Amurat immolé par ton ordre suprême ,
Toute sanglante encor , se l'est fait présenter.
A ces mots foudroyans , que son cœur interprête ,
   Le Calife pâlit , & le Mage se tait :
Almalek pénétré d'une terreur secrette ,
Par des plaisirs trompeurs vainement s'en distrait :
Le front chargé d'ennuis , l'œil farouche , inquiet ,
Il erre tristement dans sa vaste retraite :
   Croyant du sort anéantir l'arrêt ,
   Il fit expirer le Prophéte :
Mais la prédiction n'eut pas moins son effet.

1

FABLE V.

LA TOURTERELLE ET LE BOUVREUIL.

Une crédule & simple Tourterelle,
Au plumage d'albâtre, avec le collier noir,
  Etoit réduite au désespoir,
  Et regrettoit un infidelle.
  Le plus scélérat des amans ,
(Parmi les Tourtereaux il est d'horribles gens !)
  Pour une colombe coquette,
  Vive, pétulante, indiscrette,
  Et comptant pour rien les sermens ,
  Avoit délaissé la pauvrette,
  Qui se piquoit de sentimens.
  La voilà qui s'en est allée
  Dans un désert ; loin des pigeons,
Des Tourtereaux , elle a pris sa volée ;
Elle ne veut plus voir ce monde de fripons,
  Où l'innocence est immolée,
Où les sermens d'amour sont autant de chansons.
  Plaintive & désolée,
Elle se perche au haut d'un lugubre Ciprès :
  Là, sur une branche isolée,

Elle redit tristement ses regrets ;
Elle gémit, au lever de l'aurore ;
Sa plainte se prolonge, & croît avec le jour :
Lorsque la nuit survient, elle gémit encore :
    Après cela, fiez-vous à l'amour !
Elle conte aux échos sa touchante aventure :
    Dans le cahos le monde est replongé ;
      Depuis qu'un ingrat a changé ,
      Tout est changé dans la nature.

      T A N D I S qu'elle se lamentoit ,
Un Bouvreuil insolent & fier de son plumage ,
      Sur le même arbre s'abattoit ;
Il venoit de Paris. Partout on y vantoit
      Et sa cravatte & son ramage :
      C'étoit, pour le peindre en deux mots ,
      L'Alcibiade des moineaux,
      Brillant, babillard, & volage,
Il persifloit les fidéles oiseaux,
En moins de rien corrompoit un bocage ,
N'étoit qu'un scélérat, & tranchoit du héros.

    Il apperçoit notre amante outragée :
      Quoi ! lui dit-il, d'un air vainqueur,
On te trahit, & tu n'es pas vengée ?
      Eh ! depuis quand, belle affligée,

S'avise-t'on d'avoir un cœur ?
Soupirer, dans l'âge de plaire !
Fi donc ! quel abus odieux !
Les amans sont légers, il faut penser comme eux:
La constance est une chimère :
Moi, je t'affiche, si tu veux.
J'allois sur le prochain rivage,
Pour terminer, (le fait est très-certain)
Avec la veuve d'un serin,
Qu'on dit aimable, & point du tout sauvage.
Consens ; je rebrousse chemin :
Quitte ton lugubre hermitage ;
Je te suis, je t'adore, & je fais ton destin ;
Ton infidelle en va mourir de rage :
Pour consoler, je suis divin.

MON Bouvreuil se rengorge & perd son étalage.
Toute livrée à son chagrin,
Mon Ariane avec dédain
Lui tient, à peu-près, ce langage :
Qu'est-il de commun entre nous ?
Ah ! ma douleur m'est agréable ;
Laissez-moi mon désert ; son abandon m'est doux :
J'aime mieux ces rochers, ce bois impénétrable,
Et ma tristesse inconsolable,
Qu'un consolateur tel que vous.

MILLE de nos amans ont servi de modéles
Au Bouvreuil que j'ai peint ici :
Mais chez nos femmes, Dieu merci,
Il est bien péu de Tourterelles.

FABLE VI.

LA MARTRE, LE RENARD
ET LE LOUP.

LA Martre dans certain détour
Etrangla le Coq de Bruyere,
Compere le Renard, friand de bonne chére,
Dévora la Martre à son tour,
Et Sire Loup déjeûna du compére.

Ma Fable est le tableau du jour.
Du jour ? De tous les tems. L'Apologue a beau faire.

FABLE VII.

LES ANIMAUX LÉGISLATEURS.

Les Animaux, lorsque j'y réfléchis,
  Sont à peu-près, ce que nous sommes :
Il est chez eux des Grands & des Petits ;
Les derniers sont véxés ; c'est tout un chez les hommes.
    Ces derniers donc, avec raison,
    Très-amérement se plaignirent,
    Et jusqu'à l'antre du lion
    Leurs cris à la fin retentirent.
    Les moutons mêmes étoient las ;
(On se lasse de tout) de servir de pâture
A Messires les loups errans à l'avanture,
    Et sur eux fondant leurs repas.
    Enfin sa Majesté Lionne,
    Quoique d'humeur un peu gloutonne,
    Car c'est assez le tic des Potentats,
    Veut qu'on assemble les états,
Quitte, jusqu'au jour pris, à ne manger personne.
    Le-Monarque plein de bonté,
    Secouant sa longue criniére,
    Ne prétend plus que l'on différe :

Un beau rugissement marque sa volonté.
   Pour rendre à l'aise la justice,
  Il s'est assis sur un tas d'ossemens :
Il allonge de là sa patte protectrice ,
 ·Signal de paix pour tous les assistans.
   L'ours , empêtré dans sa fourure ,
   S'avance , à titre de Greffier ,
   Tout prêt d'étouffer le premier
   Qui voudroit blâmer son allûre.
En habits chamarré , les tigres ont leurs rangs :
   Tous ces Messieurs grincent des dents ;
   Et ce ton n'a rien qui rassure.

   QUAND par ordre on se fut placé ,
   Les députés , d'un air honnête ,
Présentent humblement leur timide requête :
La foiblesse opprimée est toujours un peu bête ,
Et qui plaide sa cause est bien embarrassé.
L'Avocat des moutons bégaie & perd la tête.
Hors de cour ! . . . l'Orateur à l'instant est chassé.

  SIRE Lion alors prend ainsi la parole :
Peres conscripts, appuis de mes projets ,
   Je m'attendris , & je m'immole
   Pour le bonheur de mes sujets.
Il est décent qu'un Roi quelquefois se régale ,

               I iv

Fût-ce aux dépens de ses vassaux :
Mais mon peuple gémit ; je dois finir ses maux,
Et rester sur ma faim royale,
Désormais je suis sobre ; (on frémit à ces mots)
Ce n'est pas tout ; j'entends qu'on dresse un code,
Où de tous mes sujets on défende les droits ;
Notre appétit doit leur être incommode ;
Il faut le réprimer , & l'astreindre à des loix.

L'ORDRE donné sur le champ s'exécute :
On verbalise, on raisonne , on discute,
La panthére consent ; le tigre contredit,
Il allégue le droit, il produit la coutume ,
Et l'antiquité du délit,
Par un jeûne cruel veut-on qu'il se consume ?
A ses discours prudents , quoique pleins d'amertume,
Tout le banc des loups applaudit.
On compte les voix ; la loi passe.
Au foible, en apparence, elle assure un appui :
Mais il n'est point de Grand, si peu qu'il ait d'audace ,
Qui ne puisse, au besoin , l'interprêter pour lui.
On se sépare, en bonne intelligence,
Comme cela se pratique à la Cour :
Puis, dès le lendemain, avant l'aube du jour,
Le brigandage recommence,
Les Hienes, les Léopards,

Se sont remis à leur régime.
Les chapons sont croqués, par acte illégitime,
   Citant la loi sous la dent des renards,
Un Commentaire obscur embarrasse le texte,
   Et le plus fort a toujours un prétexte.
     Enfin, ces pauvres animaux,
     Qui comptoient sur des jours paisibles,
Des plaisirs sans effroi, des défenseurs nouveaux,
     Et sur des loix incorruptibles,
Dans leurs Juges souvent rencontroient leurs bourreaux.

     ADIEU la paix, l'ordre & la république !
Pour eux l'unique fruit de cet arrangement,
Ce fut d'être étranglés par forme juridique,
     Au lieu de l'être injustement.

FABLE VIII.

LE LINGOT D'OR ET LE MORCEAU DE FER.

Un Lingot d'or, mais lingot d'importance ;
Près d'un morceau de fer par hazard se trouvoit ;
Et son compagnon qu'il bravoit,
Gardoit un modeste silence.

Quel caprice, dit le premier,
Avec un ton plein d'insolence,
A donc pu nous associer,
Ton vil métal, & moi que partout on encense ?
Quand je parois, tu devrois te cacher ;
J'anime & gouverne le monde :
Dans les obscurs sillons de la mine profonde
Le soleil me mûrit ; l'homme vient m'y chercher.
Au fond d'un noir réduit Danaé se lamente ;
Acrise à tous les yeux dérobe ce trésor :
Jupiter tombe, en gouttes d'or,
Et, sous cet or fluide, il obtient son amante.
Les mystéres sacrés par moi n'étoient qu'un jeu ;
Les Drüides souvent m'ont reconnu pour maître :

En fascinant les yeux du Prêtre,
Je dictois l'Oracle du Dieu.
Que peux-tu m'opposer? le meurtre, le ravage,
La guerre aux bras sanglans, & dont tu sers la rage....

Je ne me vante point, répond l'humble métal:
Demande aux Laboureurs le bien que je puis faire.
De l'homme, il est trop vrai, l'égarement fatal
Me transforme en poignard, me forge en cimeterre:
Mais, malgré cet abus, ta morgue & mes affronts,
Aux Mortels, plus que moi, tu fus toujours contraire,
Je les détruis.... tu les corromps.

FABLE IX.

LE TONNERRE ET LES GRENOUILLES.

La foudre grondoit dans les airs ;
Les vents entrechoquoient les nuds
Où serpentoit la lueur des éclairs :
Les champs étoient noyés , & les moissons perdues.
Pendant ce tumulte effrayant ,
Sous leur habitacle aquatique
Des Grenouilles trembloient ; je le crois aisément.
Plus de danse & plus de musique ;
Une morne terreur avoit gagné l'étang ,
Et consterné la république.
C'est notre faute, assurément,
Dit, à peu-près, en son rauque langage ,
La Doyenne du marécage :
Calmons du Ciel le courroux éclatant ,
Nous seules allumons ses carreaux redoutables :
Quand Jupin tonne , il est constant
Que les Grenouilles sont coupables.

━◦◦◦◦◦◦◦◦◦◦◦◦◦━

LE CHEMIN PERDU ET RETROUVÉ,

CONTE.

S'EN retournant dans son hameau
    Perrette s'étoit égarée ;
Ruse d'amour ! la fillette éplorée ,
Au coin d'un petit bois où gazouille un ruisseau
    Bordé de mousse & de son eau
    Baignant la verdure altérée ,
    S'étoit assise , & promenoit ,
De toutes parts , ses yeux pleins de tristesse,
A son secours nul passant ne venoit :
C'étoit un sort , mais de la bonne espéce.

    AMIS, croyez-en mes sermens ;
    Je dois vous jurer que Perrette
    Fut la plus aimable brunette
    Qui jamais ait orné les champs.
Un pied mignon , une jambe parfaite ,
    Voilà ses moindres agrémens :
C'est un bouton de rose, & la jeune fillette ,
De la tête aux talons est semblable au Printems.
Vous peindrai-je ses dents , sa bouche au fin sourire ,
    Ce charme-ci , cet attrait-là ?

Il vaut mieux baiser tout cela,
Que d'essayer de le décrire.
Allons au fait. Tandis que l'on se plaint,
Qu'on se désole sur la rive,
Un consolateur nous arrive ;
Voilà toujours ce que j'ai craint.

C'est justement le fils du Seigneur du village.
Alerte, audacieux, & dans la fleur de l'âge ;
Il avoit fui son Gouverneur,
Ses livres, ses Mathématiques,
Pour venir dans ce bois & sur ces bords rustiques
Soupirer après le bonheur,
Maudire Euclide & ses loix algébriques,
Et rêver à la Suisse, éclairé par son cœur.
Il étoit jeune, aussi-bien que Perrette,
Mais plus instruit, plus éveillé.
Chez ses parents, mainte adroite soubrette,
Guettant le bon moment, l'avoit déjà stilé
A ce joli jeu d'amourette.
La bergere le voit, & bénit son destin.
La voilà qui le prie, avec un doux langage,
De lui montrer par quel chemin
On s'en va plus droit au village.
Objet charmant, objet divin,
Répond notre Penseur, dont on va faire un Page,

Par ce sentier étroit, où fleurit le jasmin ,
Suivez-moi; nous ferons ensemble le voyage.
Dans ses filets, Perrette, il cherche à t'attirer ;
Cet enfant, c'est l'amour; il brûle de t'instruire.
Fille à ton âge, hélas! risque de rencontrer
    Plus de fripons pour l'égarer,
    Que de guides pour la conduire :
    Prends garde. — Ils cheminent tous deux :
  Mon étourdi la regarde, & soupire ;
    A chaque pas , plus amoureux,
  Il s'abandonne à l'ardeur qui l'inspire.
  Quel col ! quel bras ! dit-il, dans son délire !
Puis, on baise le col, puis , on baise le bras.
Perrette rougit bien , mais ne se défend pas;
Car, fillette, entre nous, qui songe à sa défense,
    Et sent le prix de ses appas ,
    N'a déjà plus son innocence.
Jugez si mon lutin a de quoi s'enflammer ,
Aussi va-t-il un train? . . . il se glisse, il avance,
Il fait moisson de tout : son âge est sans décence;
Le besoin de jouir est tout son art d'aimer.

  Il apperçoit un de ces frais asyles ;
   Où la verdure acquiert plus d'épaisseur,
Où la molle fougére & des gazons utiles,
   Déjà foulés , sont garants du bonheur.

C'est, sous ces ombrages tranquiles,
Que Perrette s'engage avec son conducteur.
Par instinct pourtant elle hésite.
C'est le plus court, dit-il, n'ayez aucun effroi.
Par ce détour, fiez-vous en à moi,
Nous arriverons bien plus vîte.

CRÉDULE, elle obéit, & double encor le pas ;
Elle espéroit trouver sa route.
A peine entrée, il la prend dans ses bras :
Les rameaux formoient une voûte
Que le soleil ne perçoit pas ;
Le desir parle, & c'est lui qu'on écoute.
Perrette tombe ; un lit de fleurs l'attend.
Que la nature est prévoyante !
Comme, à propos, elle sert un amant !
Celui-ci la seconde ; il a saisi l'instant ;
Et Perrette, en se débattant,
Éprouve un effroi qui l'enchante.

NOTRE guide est au but, & tout prêt d'être heureux,
Quand certain bruit se fait entendre.
Adieu l'Amour, bon soir les jeux.
L'un croit voir son Argus, qui vient pour le surprendre,
L'autre craint tout : ils se quittent tous deux.
Perrette enfin se sauve & gagne le village :

Elle

Elle a , je crois , de meilleurs yeux ;
Depuis l'accident du Bocage.
Ciel protecteur , ô justes Dieux ;
A quoi tient donc un pucelage !

A cet assaut s'il survécut longtems ;
    Si nos deux amans se revirent ,
    Si l'un & l'autre ils s'entendirent ;
Pour ramener ces fortunés momens ,
    Et si leurs ruses réussirent ;
    De bonne foi. , je n'en sais rien :
Mais , cher Lecteur , ce que je sais très-bien ;
C'est que Perrette , admirons sa prudence ,
A l'endroit du danger retourna mille fois ,
    Et prit toujours , de préférence ,
    Par le chemin du petit bois.

K

FABLE X.

L'AIGLONNE ET LES PAONS.

Une Aiglonne jeune & jolie
Fut promise autrefois, au fils du Roi des Paons * :
La politique entre les Grands
Régle l'himen ; on consulte les rangs ,
Et point du tout la sympathie.
Aussi fraîche que le Printems ,
Voilà notre infante partie.
Vous jugez si par les chemins
On s'empressoit à bien fêter la dame :
Les Rossignols & les Serins ,
Autour d'elle atrouppés, chantoient avec plus d'ame :
Le Corbeau même , je la plains ,
Lui croasse une Epithalame.
Enfin, elle arrive à la Cour.
Le Prince fait la roue , & vient lui rendre hommage.
Avec orgueil il étale à son tour
Sa pompe rayonnante , & son auguste amour,
Et les astres de son plumage.

* *Paons* & *Grands* riment à l'oreille , & cela suffit, dans la
Fable surtout.

Près d'elle on voit tous les Paons grands Seigneurs,
  Qu'on reconnoît à leur tristesse.
  On lui rend honneurs sur honneurs,
  Et tant d'honneurs affligent la Princesse.
On l'avoit élevée à la simplicité,
  Elle étoit belle, & n'étoit pas moins bonne ;
Elle avoit retenu de sa mere l'Aiglonne,
  Que la douceur sied à la Majesté.
Elle apperçoit un jour dans une Galerie
Des Paons déplumés & honteux. —
  Faites venir ces malheureux :
Le Ciel en moi leur ménage une amie —
  Tant de bonté choque un peu la grandeur,
  S'écria-t'on : pesez ce que vous faites,
  Il est fort beau d'avoir un cœur,
  Mais songez au moins qui vous êtes.
Ah ! dit-elle, à mon gre laissez-moi m'attendrir.
Je veux des pauvres Paons soulager les miseres,
  Les consoler, les secourir.
  Je le sens bien, tous les oiseaux sont freres ;
Vous parlez de grandeur, il me faut un plaisir.

FABLE XI.*

LES VENTS ET LA ROSE.

Echappés des antres du Nord,
Les fougueux enfans de la terre,
Les Aquilons, précédés du Tonnerre,
Souffloient le ravage & la mort.
Partout leurs brûlantes haleines
Desséchoient dans leur fleur les tendres arbrisseaux;
De frimats dévorans couvroient l'émail des plaines,
Dans les champs désolés tarissoient les ruisseaux;
Leurs tourbillons épais déroboient la lumiere,
Tout succomboit, & leur lâche courroux
S'indignoit en secret que la nature entiere
Ne disparût point sous leurs coups.

Dans un jardin, aimé de *Flore*,
Sous un heureux abri, la plus belle des fleurs,
Mais foible, languissante, & presque sans couleurs,
Une Rose restoit encore,
Et n'avoit point éprouvé leurs fureurs.

* Adressé à une jolie femme malade, contre laquelle il couroit des Epigrammes & des Libelles.

Rien ne peut arrêter leur troupe frémissante;
Les cruels à l'instant fondent sur ce séjour ;
Ils prennent pour victime une rose mourante,
Que défendent en vain la jeunesse & l'amour.
 Soudain, à travers un nuage ,
Phébus laisse échapper ses feux étincelans :
  Il paroît; tout lui rend hommage ;
Dans le vague des airs il disperse les vents ;
Et commande à leur Roi de punir leur outrage.
La Rose l'attendrit ; il verse dans son sein
Les rayons bienfaisans d'un jour doux & serein ;
  Il la ranime , la colore ;
Il confie aux Zéphirs son immortel destin ,
  Et la rend aux pleurs de l'aurore ;
  Tandis que les vents furieux ,
Pour venger l'univers, que leur dépit console ;
  Par l'ordre souverain des Dieux,
Rugissent enchaînés dans les prisons d'*Eole.*

FABLE XII.

LES ASTROLOGUES.

Des Astrologues très-fameux,
De ces gens pour qui seuls la nature est sans voiles ;
Et soutenant que tout sur ce globe poudreux
　　Vient en droiture des étoiles,
　　Examinoient d'un regard curieux
Le mobile appareil que dans les airs étale
　　L'Aurore, dite Boréale,
　　Prodige & parure des Cieux.
　　Vois-tu, dit l'un à son confrere ;
Y courir, s'y heurter ces nombreux bataillons,
De piques hérissés, & respirant la guerre.
　　Y vois-tu, dit l'autre, au contraire,
　　Ces bleds touffus ombrageant des sillons ? —
Ce parti va plier, il chancelle, il succombe —
Quel conte ! il est vainqueur, & c'est l'autre qui tombe :
Ainsi le même objet sous des noms différents,
　　Se falsifie, en passant par nos sens :
　　Chaque Mortel, dans cette vie,
　　De sa chimére est entêté,
　　Et dégrade la vérité
　　Par quelque trait de sa folie.

FABLE XIII.

LE NAIN D'ATHÈNES.

A la fin d'un banquet céleste,
Minerve un jour étoit de belle humeur.
Son teint sembloit plus vif, & son propos plus leste :
Momus avoit caché son gantelet vainqueur,
Son héroïque armure, & sa lance funeste ;
Vulcain déraisonnoit, on me croira de reste,
Et la grave Pallas rioit d'assez bon cœur.
      Des Dieux la maligne Officiere
      Entretenoit ce joli ton,
      Et tant de fois pencha l'aiguierre,
      Que tout bientôt fut de saison ;
      Car les Dieux ont cela de bon,
      Que, grace au nectar salutaire,
      Ils perdent par fois la raison ;
      Et c'est, dans leur condition,
      Tout ce qu'ils ont de mieux à faire.

Quoi qu'il en soit, de discours en discours,
      Aux Athéniens on arrive.
Minerve dit : je les aime toujours,

K iv

J'en atteste l'Arbuste à qui l'on doit l'olive :
Ils sont ingénieux , ils chérissent les arts ;
Et l'active industrie embellit leurs remparts :
Mais ils sont orgueilleux , & j'abhorre ce vice ;
Dans leur premier cahos il peut les replonger :
  Il faut que , pour les corriger ,
  Je m'avise d'un artifice.

  E L L E dit, se léve, & soudain
  De son talon s'élance un Nain,
  Malgré sa petite stature ,
  A peine éclos , notre Bambin
  Nargue la Déesse & Jupin ,
  Par la fierté de son allûre.

  I l est présomptueux & vain :
  C'étoit mon but , dit la Déesse,
  Sans préjudice pour l'espéce ,
  Il faut en faire un Ecrivain.
  On vous le jette dans Athènes ,
  B en ridicule , bien gourmé,
  Au chant défiant les Sirênes ,
  Et de gloriole affamé :
  Quelques succès l'enflent encore ;
  N'ayant plus ni pudeur , ni frein ,
  Il prit querelle , un beau matin ,

Avec le chien de Pythagore,
Chien philosophe, plein de sens,
Armé, dit-on, jusques aux dents,
Des bons principes de son maître,
Et distinguant les vrais Savans
D'avec les sots qui croyoient l'être.

APRÈS ce burlesque accident,
Le voilà chû de l'Empirée :
Mais bientôt au Port de Pirée,
On vit débarquer un Géant.
Le peuple y court : d'une ardeur curieuse,
On voit aussi trotter mon Nain.
Dans la foule tumultueuse
Il se glisse & s'ouvre un chemin.
Près du Colosse altier, de l'œil il le mesure,
Lui grimpe à la cheville, & d'efforts en efforts,
Parvenant au quart de son corps,
S'accroche aux plis de sa ceinture,
Plus que jamais enorgueilli,
Il menace, il outrage, il raille
Tout ce qu'à peine il voit sous lui,
Et déjà mesure sa taille
A la hauteur de son appui,
Plus on est élevé, plus prochaine est la chûte :
Le Géant éternue & le Nain culebutte,

Honni , sifflé, mais n'en valant pas mieux.
Pallas ainsi triomphe & son vœu s'exécute.
La vanité punie est vile à tous les yeux.

Le peuple réfléchit, son humeur est changée :
    Plus modeste , il fut plus heureux ;
    Et dans Athènes corrigée ,
Hors quelques sots , on vit peu d'orgueilleux.

FABLE XIV.

LA RANCUNE DE L'OURS.

Dans les montagnes de Norwége,
Certain Lourdaut prit un jeune Ours,
Bien vêtu, bien fourré, mais mourant sous la neige,
S'il n'avoit eu de prompts secours.
Tremblant de peur, son nouveau maître,
Pour commencer à se faire connoître,
De cent liens charge le Jouvenceau,
Dans un cercle d'acier lui serre l'alluette,
Lui rogne un peu les dents, pour sûreté complette ;
Et lui garotte le museau.
Après cela, vers Paris il chemine :
Sans que je le dise, on devine
Qu'il veut à son captif donner quelques talens.
C'est à danser qu'il le destine :
Car la danse aujourd'hui domine
Parmi les arts les plus brillans.
Sur ses deux piliers de derriere,
D'abord on cherche à le hisser :
Si Brunet est rétif, le nerf de bœuf opére,
Et l'invite à se redresser.

Bientôt il fait la révérence,
Puis des pliés, puis les beaux bras :
Un violon régle ses pas,
Et voilà mon Ours en cadence.

L'HOMME, augurant de ses succès,
Le fait entrer en diligence,
Dans une troupe de barbets
Pour tous les rôles d'importance.
Précédé de chiens en panier,
Et portant sur son dos un singe qui grimace,
Il proméne sa lourde masse,
Avec la charge d'égayer
Une imbécille populace.
Brunet, au fond du cœur, étoit las du métier :
Il ne dit mot, il patiente ;
Mais Dieu sait, en secret, quel dépit le tourmente.

UNE nuit, son Argus se trouvant pris de vin,
Avoit laissé sa loge ouverte :
Il brise sa longe, il déserte,
Gravit un mur, & se fraie un chemin ;
Il gagne un bois. Le tems le démuselle ;
Il se défait même de son collier ;
Mais sa rancune est immortelle,
Et l'affront qu'il reçut, il ne peut l'oublier.

Par le bois qui lui sert d'azyle,
Passe, après quelque tems, son grave instituteur.
Ah ! beau sire, c'est toi ! pour moi quelle douceur
De te voir dans mon domicile !
Reconnois-tu Brunet ton serviteur ?
Puis l'étouffant, à force de caresses,
Souviens-toi, lui dit-il, de tes belles prouesses,
Et du pauvre Ours dont tu fis un danseur.

Il n'est rien que n'exige, il n'est rien que ne brave
Un Despote insolent, par sa force aveuglé ;
Mais brisez les fers de l'esclave,
Et le Despote est immolé.

FABLE XV.

LE PHILOSOPHE ET SON CHIEN.

Un Philosophe atrabilaire,
Aux animaux n'accordant rien,
Pas même un peu d'instinct, à lui-même contraire,
Pour un oui, pour un non, battoit toujours son chien.
La pauvre bête, en lui tendant la patte,
Lui dit un jour, avec un long soupir :
Si je n'étois qu'un Automate,
Tu serois fou de me punir.
Quand même alors je viendrois à faillir,
Injustement tu m'en rendrois victime :
Je ne pourrois me souvenir
Ni du châtiment, ni du crime.

Sage, Raisonneur, bel-Esprit,
Accordez-vous avec vous-mêmes :
On se mocque de vos systêmes,
Quand l'action les contredit.

FABLE XVI.

LE LABOUREUR ET LE BOURGEON.

Un Laboureur, déjà courbé par l'âge,
Dans son verger admiroit un Bourgeon,
Et le sourire animoit son visage.
A quoi t'amuses-tu, lui dit son compagnon ?
Pour la fleur ou le fruit je garde mon hommage.

Tout cela comme à moi ne va point t'échapper,
    Lui répond alors notre Sage :
A chaque instant la mort peut me frapper,
    Tu n'es, toi, qu'au tiers du passage.
    Pour me hâter, j'ai mes raisons.
Les roses du Printems sont pour moi des largesses.
O Nature ! incertain de jouir de tes dons,
    J'aime à jouir de tes promesses.

FABLE XVII.

LA MOUCHE ET LA FOURMI.

Dame Fourmi voituroit
Grains nouveaux, moisson nouvelle :
Une Mouche au-dessus d'elle ,
A tu-tête murmuroit ,
Et faisoit ronfler son aîle,
Quel bruit, là haut ! quel fracas !
Dit bientôt la Pourvoyeuse !
Qu'une Mouche est odieuse !
Ne peut-on parler plus bas ?
Tout beau , dit le Volatile ,
Ton courroux est inutile :
Chacun fait comme il l'entend,
Le travail te plaît , ma chére ;
Moi , je n'en puis dire autant :
J'ai la tête un peu légere;
Le bruit est mon élément ;
Et toujours en mouvement ,
Je n'ai jamais une affaire.
(Si j'en excepte l'amour ,)
(Car des Dieux même il dispose ,)

Je

Je pense à très-peu de chose :
Bret', je vis au jour le jour.
Telle est ma Philosophie :
Ainsi veux-je, allant, venant,
M'étourdir, en bourdonnant,
Sur les peines de la vie.

CETTE Mouche parloit bien,
Et fut sage à sa maniere.
Jamais on n'arrive à rien,
En forçant son caractère.

L

FABLE XVIII.

L'ARC, LA FLÊCHE, L'HOMME, ET L'INSECTE.

A côté d'un arc détendu
Jasoit une Flêche arrogante :
Rends-moi, disoit l'impertinente ,
Rends-moi le respect qui m'est dû.
Ainsi que moi , quittant la terre ,
Atteins-tu le trône des Dieux ?
Ma trace rapide & légére
Se cache & se perd dans les Cieux.
L'Aigle en vain se fie à ses aîles ;
Je le perce au milieu des airs.
Je fends les plaines éternelles ,
Et me joue avec les éclairs.

TAIS-TOI , babillarde caustique,
Répond l'Arc qui n'est pas moins vain :
Dis : sans mon pouvoir élastique,
Pourrois-tu t'ouvrir un chemin ,
Et serois-tu si magnifique ?
L'homme , encor plus superbe qu'eux,

Survient pendant cette querelle.
Taisez-vous , dit-il à tous deux ;
Et finissons ce paralléle.
Il vous sied bien d'être orgueilleux !
D'où peut vous venir ce vertige ?
Lorsqu'il me plaît , je vous dirige ;
Je vous brise , quand je le veux.
En même tems , avec colère ,
Il prend l'un & l'autre instrument ,
Et sur l'arc qu'il ploye & qu'il tend
Ajuste la flèche légere.
Son coup partoit ; mais , à l'instant,
Au bras un moucheron le pique ;
Et la douleur , en s'augmentant ,
Jusqu'à la main se communique.
Voilà son faste réprimé ;
Il laisse tomber l'arc terrible ;
Et l'homme se voit désarmé
Par un insecte imperceptible.

L'ORGUEIL humain trouve ici sa leçon :
Je vous prête un appui , j'aurai besoin du vôtre ;
Et dans la grande chaîne il n'est pas un chaînon
Qui ne soit dépendant d'un autre.

✦

FABLE XIX.

LE SOLEIL ET LE NUAGE.

Un Nuage bien argenté,
Servant de prisme au Dieu de la lumiere,
S'attribuoit cet éclat emprunté,
Et s'en vantoit avec sécurité,
   Comme d'un bien héréditaire.
Je brille, disoit-il, de toute éternité.
   A ces mots où se peint l'audace,
   L'Astre qui mûrit les moissons,
   Contre lui tout-à-coup ramasse
   Quelques faisceaux de ses rayons.
   Vous eûssiez vu la vapeur se dissoudre,
Se détacher, pâlir, perdre tous ses reflets,
Dans les airs embrassés se fondre, se résoudre,
   Et, de nos champs mouillant la poudre,
   S'ensevelir dans les guêrets.

   Combien de sots s'enorgueillissent
D'une splendeur qu'on leur ôte en un jour!
   Ils brillent & s'évanouissent....
   Allez plutôt voir à la Cour.

FABLE XX.

LE CONQUÉRANT ET LE PASTEUR.

Qu'il est dans une erreur profonde,
Le Mortel jetté hors de soi,
Qui précédé par le deuil & l'effroi,
Se plaît à ravager le monde !
Cent trônes à ce prix ne me tenteroient pas.
Des Ciprès éternels ombragent sa victoire ;
Et le phantôme de sa gloire,
Traîne après lui les lambeaux du trépas.
Son ame aride est insensible
A l'amitié si douce en ses épanchemens ;
Et, s'il a quelques jours brillans,
Il n'en a point un seul paisible,
Eh ! peut-il être une beauté,
Qui lui permette une caresse ?
Il met l'amour en fuite, il glace la tendresse,
Et fait frémir la volupté.
Le malheureux ! combien je lui préfére
L'homme borné dans ses desirs,
L'homme champêtre & solitaire,

L iij

Dans un cœur sans remords puisant de vrais plaisirs!
La jeune Thestilis plus touchante que belle,
   L'égale aux Dieux dans ses embrassemens :
   Toujours naïve, elle est toujours nouvelle :
   Pour composer ses simples ornemens,
  .D'une main pure il va cueillir pour elle
    Les premieres fleurs du Printems :
    Il vit heureux & meurt fidele.
  Mais je m'égare en traçant ces tableaux ;
Oublions un instant le charme que j'y trouve :
   Ce que je dis, il faut que je le prouve ;
   Et je reviens à mon héros.

    Le Chef d'une puissante armée,
    A la tête de ses soldats,
Traversoit une plaine à tout moment semée
Des plus riches trésors dispersés sous ses pas.
   Alors le Dieu de la lumiere
   S'armoit de feux plus éclatants ;
Son éclat réfléchi par les casques flotans,
  Par les moissons qui couronnent la terre
    Et les panaches ondoyans,
    Faisoit étinceler les champs
   Et s'y mêloit à des flots de poussiere.
    Au milieu de ces tourbillons,
   Le triste Conquérant s'avance,

Accablé de soucis profonds,
Et recueilli dans un morne silence,
L'ambition, la haine, la vengeance
Fermentent dans ce cœur flétri,
Toujours blessé, jamais guéri :
Il s'abreuve de sang, & sa soif recommence.
Possesseur d'un état immense,
Qu'il doit aux efforts de son bras,
Il se trouve pressé dans sa vaste puissance,
Dévorant celle qu'il n'a pas.

TANDIS qu'il rouloit dans sa tête
De grands desseins, des projets de conquête,
Et d'illustres assassinats,
Il apperçoit aux pieds d'un hêtre
Dont une onde courante entretient la fraîcheur ;
Nonchalamment assis un tranquille pasteur,
Animant sous ses doigts une flûte champêtre,
Et peignant sur son front le calme de son cœur,
A ce tableau, l'ambitieux soupire :
Dans le fond de son ame il sent un vuide affreux ;
Et le Ciel, dont la voix daigne en secret l'instruire,
Punit l'infortuné par l'aspect d'un heureux.

VIENS, lui dit-il, ose me suivre :
Pourquoi languir dans un honteux repos ?
C'est pour la gloire qu'il faut vivre.

L iv

Les lauriers avec moi sont le prix des travaux.

Moi , répond-il , moi , quitter ces troupeaux ,
Et ces champs paternels & l'air que je respire !
Vois-tu ces prés , ces bois & ces ruisseaux ?
Regarde ce Ciel pur , entends ce doux zéphire ,
Tempérant les étés sous nos sombres berceaux ;
Voilà mes biens , ils doivent me suffire ;
Et ce toît où je dors au murmure des eaux ,
Couvert de chaume , est plus que ton empire.
Avec ma flûte & ma Chloé ,
Jamais l'ennui ne m'y tourmente :
J'y fais l'amour , ou je le chante ;
Et voilà le jour employé.
Ne cherche plus à me séduire :
Que je te plains de ta grandeur !
Tu rêves , je jouis ; va , garde ton délire ;
Cours à la gloire , & me laisse au bonheur.
Puis reprenant son flageolet rustique ,
Il poursuit l'air qu'il avoit commencé ;
Et le Conquérant plus sensé ,
L'œil ténébreux , le front mélancolique ;
Disoit , en s'éloignant : le songe est éclipsé.
Je n'aurai donc passé ma vie
A conquérir , à ravager ,
Que pour venir porter envie
Au sort paisible d'un berger.

⸺⸱⸙⸙⸙⸙⸙⸙⸙⸙⸙⸙⸙⸙⸙⸙⸙⸙⸙⸙⸙⸙⸱⸺

FABLE XXI.

LE SILPHE ET LE PIGMÉE.

L'ORGUEIL est mon antipathie.
Pour le fronder, je reviens sur mes pas ;
Rufus en crève, & le Dieu du génie ,
   L'Auteur du Cid n'en avoit pas.
Voyons comment le maître du tonnerre
Humilia jadis un Mortel arrogant :
   Ce conte m'a paru plaisant ;
   Puisse-t'il être salutaire !
   Le bon La Fontaine en contant
   Donnoit des leçons à la terre.
Montagne & lui , je le dis franchement ,
   Sont les sages que je préfére ;
   C'est qu'ils le sont tout uniment,
   Et leurs singes auront beau faire ;
   On les entendra froidement.
   Que leur manque-t-il ? L'art de plaire.
   Revenons ; c'est trop me distraire ;
C'est aux dépens du fait qu'est toujours l'ornement.
La Motte est un bavard, Esope est le contraire.

  A Lilliput, par Cirano vanté ,
   Il fut jadis un petit homme.

Je ne sais comment il se nomme :
J'ai vu pourtant son nom cité,
Je ne sais où ; qu'importe à mon histoire?
Ce que je sais , d'après l'antiquité ,
C'est qu'au dernier excès, le lecteur peut m'en croire,
Ce marmot-là poussoit la vanité.
Si bien que Jupiter, par un moyen risible,
Imagina de le punir.
Devant son trône, il fit venir
Un Silphe, un Lutin invisible,
Un habitant de l'air , léger, incorruptible,
Ayant le souffle & le vol du zéphir.

Vois-tu, lui dit le Roi de la voûte étoilée,
Cette bamboche boursouflée
Qui s'enfle encore & cherche à se grandir ?
Empare-toi du sot, sans te rendre palpable :
A chaque instant , voltige sur ses pas ;
Sois désormais son ombre inséparable ;
Et poursuis-le jusqu'au trépas.
Obéis ; que rien ne t'arrête :
Surtout, retiens ce point ; c'est de rire aux éclats ,
A chaque accès d'orgueil qui troublera sa tête.

Rieur en chef du Souverain des Dieux,
Mon Silphe court vaquer à son office ;

Et grace au sot présomptueux ,
Il est bientôt en exercice.
Le petit homme est d'abord très-surpris ;
Mais , (l'amour propre a tant de subterfuges !)
Il croit que dans les airs le talent a des Juges ,
Et que du sien les Silphes sont ravis.

DANS une forêt solitaire ,
Avec force un jour il conçut
Le plan d'un Drame unique & bien patibulaire :
On étoit fou du Drame à Lilliput.
Peste , dit-il , le superbe début ! ——
Le Silphe rit ; le Poëte insensible
En se félicitant , va toujours à son but ;
Je crois ce nœud d'un effet infaillible. —
Le Silphe rit : que ces vers sont heureux !
Le dénoûment sera terrible ,
Sublime , imprévu , merveilleux. —
Le Silphe part d'un rire inextinguible.

L'AUTEUR alors écume de courroux ,
Et le rire mocqueur croît avec sa colère.
Il ne sait plus que dire , ni que faire :
Il frappe l'air de mille coups.
De son génie ornement de la terre ,
Il pense bonnement que les Dieux sont jaloux ;
Et le Silphe assidu remplit son ministere.

A la fin le Pigmée expiant ses fureurs,
     Et son orgueil & son délire,
     Mourut dans la honte & les pleurs,
     Désespéré d'entendre rire.

     SILPHE charmant, viens parmi nous;
     C'est le Dieu du goût qui t'appelle.
Avec leur sérieux, les critiques sont fous.
Plus la censure est triste, & moins elle est cruelle.
Délivre-nous gaîment de cent Auteurs bouffis.
     Près de nos sots fais sentinelle
     Tu trouveras de quoi rire à Paris;
Et plus d'un Journaliste a besoin d'un modéle.

FABLE XXII.

L'ENFANT ET LE HOCHET.

Un Enfant pleuroit, s'emportoit,
Se tordoit les bras de colère;
Il vouloit avoir un Hochet,
En mouvoir les grelots, jouir, se satisfaire.
    Par la menace il n'est point retenu,
L'objet de son desir est ce qui l'intéresse,
Il le poursuit des yeux, le demande sans cesse;
On le lui donne, & le pauvret s'y blesse.
Comment, me dira-t'on ? comment ? par maladresse,
    Par trop de feu : m'en croirez-vous ? j'ai vu.
Il brûloit d'obtenir, bientôt son ardeur cesse;
    Il gémit d'avoir obtenu.

    A ces traits, c'est toi que je nomme,
Mortel impatient; mes yeux t'ont reconnu.
La Fable de l'Enfant est l'Histoire de l'Homme.

FABLE XXIII.

LA PIE,

BEL-ESPRIT.

Une Pie au déclin de l'âge,
Se jetta dans le bel-esprit ;
Et cette réforme surprit
Les Chantres emplumés, peuple du voisinage.
Son babil éternel, son importun jargon ,
Que les critiques du bocage
Avoient sifflé, dans mainte occasion,
Rendoient suspect son grave Aréopage.

N'importe ; à quelques sots elle donne le ton.
La sempiternelle bavarde ,
Près d'elle attroupe le Dindon,
Le Canard barboteur & l'imbécille Outarde ;
Les Geais aux cris aigus & le stupide Oison.
Pas un oiseau de goût, pas un Chanteur aimable.
Pour fuir ce vilain monde, ils se sont arrangés :
Aussi Margot est-elle impitoyable ;

Et les Cignes mourront sans être protégés.

 Que dis-je ? contr'eux on dit rage ;

On censure la voix , & jusques au plumage.

 La Fauvette dans ses fredons

 N'a rien du tout qui doive plaire :

 Le Serin est un Plagiaire ,

 Balbutiant sur tous les tons.

Du Rossignol vanté les accens sont trop sombres ;

Quand l'oreille l'entend , l'œil soudain s'assoupit ;

 Il semble payé par la nuit,

 Et fait pour enchanter les ombres.

L'AIGLE lui-même y passe ; il n'est point épargné.

Sa voix est effroyable , & son air renfrogné.

 D'ailleurs une vieille Chouette ,

Oiseau qui pour bien voir n'eut jamais son pareil ,

 L'autre jour avec sa lorgnette ,

L'a vu loucher en fixant le soleil.

 QU'ARRIVA-T'IL ? pendant tout ce murmure,

 Et ce caquetage odieux ,

L'oiseau de Jupiter se perdit dans les Cieux ,

Et l'ami du Printems , caché sous la verdure ,

 Par ses accens mélodieux ,

Ne cessa point d'attendrir la nature.

Des Muses jeunes nourrissons,
Ne briguez point de vaines flatteries;
Laissez glapir les cotteries:
C'est au Public à juger vos chansons.

TABLE
DES FABLES
CONTENUES DANS CE VOLUME.

LIVRE PREMIER.

LIVRE SECOND.

LIVRE QUATRIEME.

F I N.

EXPLICATION

DES ESTAMPÈS.

TITRE.

L E Buste de la Nature, au milieu des différentes especes d'Animaux.

FLEURON DE FRONTISPICE.

L E Buste de la Fontaine, un Génie qui le couronne ; un autre qui se balance à un arbrisseau, d'où il fait tomber quelques fleurs ; un autre qui les ramasse.

GRANDE PLANCHE.

L E Tems chasse les brouillards épais qui offusquent la Vérité ; elle dirige vers le Globe du monde son miroir étincelant ; la Fable avec son Prisme en intercepte les rayons, & tempere leur vivacité ; l'Amour se joüant sur un groupe de nuages, anime le Globe avec son flambeau.

VIGNETTE.

L E S Grâces président à la Toilette de la Fable.

L A derniere Fable fournit le sujet du *Cul-de-Lampe*.

ERRATA.

Page 1 du Discours préliminaire, au lieu de *combat les passions*, lisez *gourmande*.

Page 10, Fable V, au lieu de *vers se coëffoit à triple étage*, lisez & *se coëffoit à triple étage*.

Page 43, Fable XX, au lieu de *se replie*, lis. *se débat*.

Page 63, Fable XIII, au lieu de & *je vois*, lis. & *je crois*.

Page 132, Fable V, au lieu de *mon Bouvreuil*, lis. *Mons Bouvreuil*.

Page 138, au lieu de *les obscurs sillons*, lisez *obscurs filons*.

Page 159, Fable XVI, au lieu de *pour la fleur ou le fruit*, lis. *pour le fruit seul*.

Page 164, Fable XIX, au lieu de *dans les airs embrassés*, lis. *embrasés*.

Page 169, au lieu de *par Cyrano vanté*, lisez *par Swift si bien chanté*.